ニチガク式学習支援!!

日本学習図書（ニチガク）

ニチガクの家庭学習支援

Web学習サポートサービス

こんなこと…ありませんか？

「ニチガクの問題集…買ったはいいけど、、、
この問題の教え方がわからない（汗）」

メールでお悩み解決します！

- ☆ホームページ内の専用フォームで必要事項を入力！
- ☆教え方に困っているニチガクの問題を教えてください！
- ☆確認終了後、具体的な指導方法をメールでご返信！
- ☆全国どこでも！スマホでも！ぜひご活用ください！

<質問回答例>

学習のポイント

推理分野の学習では、後の学習に活きる思考力を養うことができます。ご家庭で指導する場合にも、テクニックにたよらず、保護者の方が先に基本的な考え方を理解した上で、お子さまによく考えさせることを大切にして指導してください。

Q.「お子さまによく考えさせることを大切にして指導してください」と学習のポイントにありますが、考える習慣をつけさせるためには、具体的にどのようにしたらいいですか？

A.お子さまが考える時間を持てるように、質問の仕方と、タイミングに工夫をしてみてください。
たとえば、「答えはあっているけど、どうやってその答えを見つけたの」「答えは○○なんだけど、どうしてだと思う？」という感じです。はじめのうちは、「必ず30秒考えてから手を動かす」などのルールを決める方法もおすすめです。

まずは、ホームページへアクセスしてください!!

http://www.nichigaku.jp　日本学習図書　検索

目指せ！合格！ 家庭学習ガイド
筑波大学附属小学校

入試情報

応募者数：男子 2,087 名／女子 1,813 名
出題形態：ペーパー・ノンペーパー
面　　接：なし（保護者作文あり）
出題領域：ペーパー（お話の記憶・図形）、制作、運動、行動観察、口頭試問

入試対策

2020 年度の考査は例年通り、約 30 名のグループごとに３つの日程にわけて行われました。「口頭試問→ペーパーテスト（お話の記憶・図形）→制作→運動、及び行動観察（グループを半分に分け、交互に行う）」の流れで実施され、試験時間は全体で 60 ～ 80 分程度でした。
当校の入学考査の特徴の１つは、ペーパーテストが標準よりも難しいことです。「お話の記憶」は長文でストーリーが複雑、なおかつ標準よりも問題の読み上げスピードも速いなど、小学校入試としてはかなりの難しいレベルのものです。また、制作の問題は複雑な指示を覚え、素早く的確に作業する必要のある出題となっており、考査の内容も超難関校に相応しいものと言えるでしょう。過去の出題を把握し、例年、必ず出される課題はできるようにしておきましょう。「運動」「行動観察」「口頭試問」の内容は、変化がなくそれほど難しいものではありませんが、指示に従うことはもちろん、待機時の姿勢などの細かな指示を守れるかどうかも観られます。なお、2016 年度より、保護者の方にも作文が課されています。「学校でのトラブルを他の保護者から聞いた時はどうするか」「アレルギー対応はせず、偏食はしない指導について」など、グループごとに異なるテーマで出題されます。お子さまの教育についての考えをまとめ、作文の基本についておさらいしておくとよいでしょう。

- 制作の問題では、はじめに出される指示を聞き逃さないこと、テキパキと作業を進めることが大切です。
- 1次考査（抽選）の倍率は２倍強。男女約 1,000 名ずつが2次考査（ペーパーテストなど）に進みます。
- 生年月日別のA、B、Cのグループごとに別日程で試験が行われます。出題はグループごとに異なります。出題分野は共通しているため対策は取りやすいですが、ミスのない素早い解答が求められます。

必要とされる力 ベスト6

チャートで早わかり！

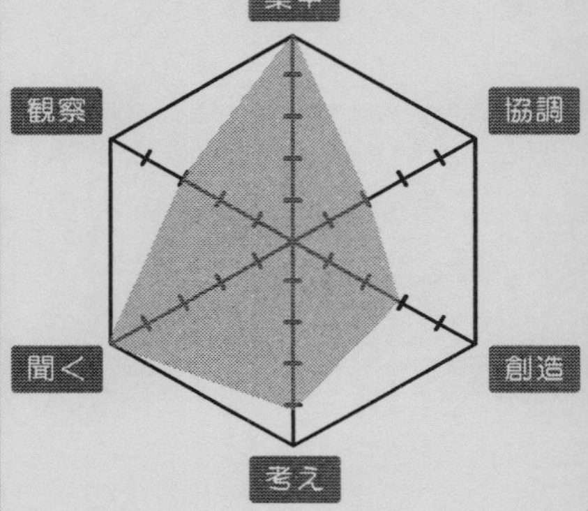

特に求められた力を集計し、左図にまとめました。
下図は各アイコンの説明です。

	アイコンの説明
集中	集　中　力…他のことに惑わされず１つのことに注意を向けて取り組む力
観察	観　察　力…２つのものの違いや詳細な部分に気付く力
聞く	聞　く　力…複雑な指示や長いお話を理解する力
考え	考える力…「～だから～だ」という思考ができる力
話す	話　す　力…自分の意志を伝え、人の意図を理解する力
語彙	語　彙　力…年齢相応の言葉を知っている力
創造	創　造　力…表現する力
公衆	公衆道徳…公衆場面におけるマナー、生活知識
知識	知　　識…動植物、季節、一般常識の知識
協調	協　調　性…集団行動の中で、積極的かつ他人を思いやって行動する力

※各「力」の詳しい学習方法などは、ホームページに掲載してありますのでご覧ください。http://www.nichigaku.jp

「筑波大学附属小学校」について

＜合格のためのアドバイス＞

当校は日本最古の国立小学校であり、伝統ある教育研究機関の附属校として、意欲的かつ充実した教育を行っています。「教科教育の授業充実」「子どもの学力向上」「子どもを多様な目で見守ること」を目的に教科担任制を実践しているほか、伝統的な野外体験活動や総合活動などが特色です。人気は非常に高く、小学校受験においては日本最多の応募（2020年度は男女計3,900名）がある超難関校です。

第1次選考の抽選で男女それぞれ約1,000名程度になり、第2次選考で**口頭試問**、**ペーパーテスト**、**制作テスト**、**行動観察**、**運動テスト**、を行い、男女各100名に絞られます。さらに第3次選考の抽選で入学予定者男女各64名が決定します。

第2次選考の試験は、男女を生年月日別の3つのグループ（A・B・C）に分けて実施されます。問題の内容はグループによって異なりますが、出題傾向に大きな差はなく、全グループ共通の観点で試験が行われていると考えられます。

口頭試問は、30人前後のグループ全員がコの字型に着席し、1人に対して1～2つの質問をする形で行われました。質問の内容は「学校までの交通手段」「好きな食べ物」「『たちつてと』を言う」などさまざまで、答えの内容よりも答える際の態度、言葉遣いなどを観ていると思われます。

ペーパーテストは、例年通り**お話の記憶**と**図形**の2分野が出題されました。

お話の記憶は、お話が長く複雑であることと、服装、色、季節など、細かい描写を問う設問があることが特徴です。長いお話を聞き記憶する力は、読み聞かせを繰り返すことで培われます。積み重ねを大切にしてください。

図形は、図形の構成、系列、対称図形、重ね図形が出題されました。過去数年間出題されてこなかった分野が出題されており、また設問数の多さに対して解答時間が短いため、最後まで解答できない受験者も多くいたようです。幅広く問題に取り組んで学力を付けることと同時に、たくさんの問題を見ても焦らないよう、制限時間内に多くの問題を解くことに慣れておく必要があるといえます。

制作テストでも、グループごとに違う課題が出されましたが、紙をちぎる、ひもを結ぶ、のりやテープなどで貼り合わせるといった基本的な作業は共通しています。ペーパーテストと同様、時間が短く、完成できない受験者も多かったそうです。ふだんから積極的に工作や手先を動かす作業を行い、器用さ、手早さを養いましょう。また、指示がしっかり聞けているか、取り組む姿勢はどうか、後片付けはできているかなども重要なポイントになりますので、練習の際には注意してください。

運動テストは、数年連続してクマ歩きが出題されています。**行動観察**では、基本的なゲームや遊びが出題されています。協調性を観点にしたものですが、特別な対策が必要なものではありません。

当校の試験は、全体的に難度が高く、また出題傾向の変化が少ないのが特徴です。過去に出題された問題がまた出題されることも少なくないので、過去の問題を熟読し、幅広い分野の学習を進めてください。また、「問題を確実にこなす」「うっかりミスをなくす」ことを心がけ、数多くの問題に慣れておくことを強くおすすめします。

〈2020年度選考〉

◆「出題傾向」の頁参照

◇過去の応募状況

2020年度	男子2,087名	女子1,813名
2019年度	男子2,032名	女子1,762名
2018年度	男子2,043名	女子1,727名

(得) 先輩ママたちの声！

◆実際に受験をされた方からのアドバイスです。
ぜひ参考にしてください。

筑波大学附属小学校

・図形の問題もお話の記憶の問題も問題数が多くて、時間が足りなくなりました。なるべく早くから問題集に取り組んで対策を取っておくべきです。

・上履きやスリッパは貸してもらえないので、絶対に忘れないように注意してください。

・子どもの試験の待機中に、保護者にも作文が課されました。指定されたテーマについて、25分程度でＢ５用紙１枚（約350字）に書くというものでした。

・試験当日はとても寒く、作文を書く手がかじかむほどでした。しっかりと防寒対策をとることをおすすめします。

・子どもたちのテスト中に作文を書きましたが、10数行を15分ほどで書くので時間がギリギリでした。書くことをしっかりと準備しておく必要があります。

・ペーパーテストは、制限時間がとても短く、全部やりとげるのは難しかったそうです。練習してスピードをつけること、焦らないこと、気持ちの切り替えができることが重要だと思いました。

・運動テストでクマ歩きをするので、女子のスカートは避けた方がよさそうです。また、体育館の床が滑りやすく、転んでしまう子もいたそうですが、なるべく素早くできるように練習しておくとよいと思います。

・制作テストは内容の割に、とにかく時間が短いです。ひも結びや紙ちぎりなどを重点的に、遊びの中に取り入れて練習しておくと、当日焦らずできると思います。

・本校の子どもたちは一年中半そで・半ズボンだそうで、当日も寒い中、半そで・半ズボンのお子さまが多かったです。寒さに強い子にしておいた方が良いですね。

〈出題傾向について〉

ＡＢＣグループの出題傾向は基本的に同じ！

当校の試験では、生まれ月によって、ＡＢＣの３つのグループにわけて行われます。それぞれのグループによって、試験日が異なっており、試験問題もグループごとに用意されています。しかし、学校として求める子どもがグループによって変わるということはありませんので、**どのグループも同じ観点の問題**が出題されているのです。

過去の問題を分析した結果、**出題傾向**は、

Ａグループ＝Ｂグループ＝Ｃグループ

ということになります。

つまり、**グループを意識せず過去の傾向を総合的に学習することが、合格への近道**となるのです。

ここ数年だけ見ても、すべてのグループでほぼ同じ分野の問題が出題されており、グループの違いによる有利不利はありません。

〈2020年度（2019年秋実施）入試の出題分野一覧表〉

	Ａグループ	Ｂグループ	Ｃグループ
お話の記憶	〈男子〉 みんなでキャンプをする 〈女子〉 動物運動会の練習	〈男子〉 クマくんのクリスマス会 〈女子〉 みんなでキャンプをする	〈男子〉 たろうくんと色鉛筆 〈女子〉 ゆうこさんと色鉛筆
図　形	〈男子〉 図形の構成 〈女子〉 図形の構成	〈男子〉 対称図形 〈女子〉 重ね図形	〈男子〉 系列 〈女子〉 系列
制　作	〈男子〉 イモムシ 〈女子〉 動物園	〈男子〉 お化け 〈女子〉 ウサギのパンケーキ	〈男子〉 べろべろ君 〈女子〉 トリ
運　動	〈男女〉 クマ歩き	〈男女〉 クマ歩き	〈男女〉 クマ歩き
その他	〈男女〉 口頭試問・行動観察	〈男女〉 口頭試問・行動観察	〈男女〉 口頭試問・行動観察

筑波大学附属小学校

合格対策の決定版！

書店では販売されていない本校専用問題集

お話の記憶問題を段階的に練習

必ず出題されるお話の記憶。過去10年に遡りピックアップしました。短文から長文まで全グループに対応した問題集です。

朗読ＣＤ付き

図形分野の完全対策

重ね図形をはじめ筑波大附属小ならではの複合的な問題に対応。過去の出題傾向を分析した実力アップのための分野別問題集です。全２巻。

出題分野を総合的に強化

お話の記憶、図形、工作問題を重点的に練習したい方におすすめです。傾向に合わせて集中的に取り組めます。

学習進捗の最終確認に

ニチガクの分析力で、筑波で出題される問題を予想しました。筑波対策として、段階別に分かれた５回のテストで実力判定を！

筑波の工作問題に合わせた
類題20問掲載！工作材料つき!!

工作は遊びを通して練習

立体制作、絵画、ちぎり絵など、さまざまな形式の制作課題が出題されます。道具の使い方も含めいろいろな課題に取り組んでください。

各定価　本体2,500円＋税

このページに掲載の専用問題集は
書店では販売しておりません。
オンラインショップ、または
お電話・ＦＡＸでお申込みください。

日本学習図書株式会社
オンラインショップ
http://www.nichigaku.jp/
電話：03-5261-8951　FAX：03-5261-8953

筑波大学附属小学校

過去問題集

〈はじめに〉

　現在、少子化が叫ばれているにもかかわらず、私立・国立小学校の入学試験には一定の応募者があります。入試は、ただやみくもに学習するだけでは成果を得ることはできません。志望校の過去における出題傾向を研究・把握した上で、練習を進めていくこと、その上で試験までに志願者の不得意分野を克服していくことが必須条件です。そこで、本問題集は小学校を受験される方々に、志望校の出題傾向をより詳しく知って頂くために、過去に遡り出題頻度の高い問題を結集いたしました。最新のデータを含む精選された過去問題集で実力をお付けください。

　また、志望校の選択には弊社発行の「2021年度版　首都圏・東日本　国立・私立小学校　進学のてびき」をぜひ参考になさってください。

〈本書ご使用方法〉

◆出題者は出題前に一度問題を通読し、出題内容などを把握した上で、〈準　備〉の欄に表記してあるものを用意してから始めてください。

◆お子さまに絵の頁を渡し、出題者が問題文を読む形式で出題してください。問題を読んだ後で、絵の頁を渡す問題もありますのでご注意ください。

◆「分野」は、問題の分野を表しています。弊社の問題集の分野に対応していますので、復習の際の目安にお役立てください。

◆問題番号右端のアイコンは、各問題に必要な力を表しています。詳しくは、アドバイス頁（ピンク色の１枚目下部）をご覧ください。

◆一部の描画や工作、常識等の問題については、解答が省略されているものがあります。お子さまの答えが成り立つか、出題者が各自でご判断ください。

◆〈時　間〉につきましては、目安とお考えください。

◆解答右端の［○年度］は、問題の出題年度です。［2020年度］は、「2019年の秋から冬にかけて行われた2020年度入学志望者向けの考査で出題された問題」という意味です。

◆学習のポイントは、指導の際にご参考にしてください。

◆【おすすめ問題集】は各問題の基礎力養成や実力アップにご使用ください。

〈本書ご使用にあたっての注意点〉

◆文中に この問題の絵は縦に使用してください。 と記載してある問題の絵は縦にしてお使いください。

◆〈準　備〉の欄で、クレヨンと表記してある場合は12色程度のものを、画用紙と表記してある場合は白い画用紙をご用意ください。

◆文中に この問題の絵はありません。 と記載してある問題には絵の頁がありませんので、ご注意ください。なお、問題の絵の右上にある番号が連番でなくても、中央下の頁番号が連番の場合は落丁ではありません。

　下記一覧表の●がついている問題は絵がありません。

問題１	問題２	問題３	問題４	問題５	問題６	問題７	問題８	問題９	問題10
問題11	問題12	問題13	問題14	問題15	問題16	問題17	問題18	問題19	問題20
									●
問題21	問題22	問題23	問題24	問題25	問題26	問題27	問題28	問題29	問題30
問題31	問題32	問題33	問題34	問題35	問題36	問題37	問題38	問題39	問題40
								●	●

◎学習効果を上げるため、前掲の「家庭学習ガイド」及び「合格のためのアドバイス」をお読みになり、各校が実施する入試の出題傾向を、よく把握した上で問題に取り組んでください。
※冒頭の「本書ご使用方法」「本書ご使用にあたっての注意点」も併せてご覧ください。

2020年度の最新問題

問題１　分野：お話の記憶

Ａグループ男子　集中　聞く

〈準備〉　クーピーペン（８色）

〈問題〉　お話をよく聞いて、後の質問に答えてください。

今日は晴れたよいお天気です。クマくんとイヌくん、タヌキくん、サルくんとウサギさんのみんなで、山へキャンプへ行きます。待ち合わせした広場には、ヒマワリの花がきれいに咲いていました。そこへクマくんが１番にやってきました。クマくんは、赤い帽子をかぶってリュックサックを背負っていました。その次にやってきたのはタヌキくんで、青色のズボンをはいていました。「おはよう、今日は楽しみだね」と話していると、ほかの動物たちもやってきました。みんなそろったところで、まずキャンプ場で食べるものを買いに行くことにしました。お肉屋さんへ行き、お肉を見ながら「おいしそうだな」とイヌくんが言うと、「お肉だけじゃだめよ。栄養のバランスがあるから、お野菜も食べないとね」とウサギさんが言いました。お肉が置いてある棚の隣にはカレールーがあったので、それも買ってカレーライスを作ることにしました。「ぼくは辛口でいいよ」とサルくんが言うと、「ぼくは甘口じゃないと食べれないよ」とクマくんが言いました。ウサギさんが「じゃあ、甘口にしましょう」と言うと、サルくんも賛成しました。「このお肉とカレールーをください」と言って、イヌくんがお金を払いました。次に八百屋さんへ行きました。「わたしはニンジンが大好きだから、ニンジンをいっぱい入れてね」とウサギさんが言うと、イヌくんが「ずるいな、栄養のバランスがあるって言ったのに」と言いました。ウサギさんは「わかったわ。カレールーの箱に書いてある材料を見て、入れる野菜を決めましょう」と言いました。そこで、タヌキくんが「ニンジンを３本、ジャガイモを３個、玉ねぎを２個ください」と言って、八百屋さんにお金を払いました。そして動物たちは張り切って山へ向かいました。キャンプ場に着くと、さっそくごはん作りにとりかかりました。クマくんは家族でよく山に行くので、キャンプのことをよく知っています。そこでみんなに、「それではカレーライスを作ろうね。まずは、火を起こすよ。ごはんを炊いて、それから野菜も切ってお鍋で煮るんだよ。みんなは何がしたい？」と聞きました。「ぼくは火を起こしたい！」とイヌくんが言うと、ウサギさんは「わたしは何でもいいわ。火を起こす係はジャンケンで決めたらいいよ」と言いました。「最初はグー、ジャンケンポン」ジャンケンをして、イヌくんとサルくんが火を起こすことになりました。２人はマッチで薪に火をつけようとしましたが、なかなか火がつきません。それを見ていたクマくんが、「燃えやすいものに火をつけてから、それで薪に火をつけるといいよ」と言って、キャンプ場の人から新聞紙をもらってきてくれました。それからクマくんはお米を研いで、水といっしょにお鍋に入れてご飯を炊きました。タヌキくんとウサギさんは野菜の皮をむいて、食べやすい大きさに切りました。タヌキくんはタマネギを切りながら「味はおいしいのに、切ると目にしみるよ」と言い、ウサギさんはニンジンとジャガイモを切りながら「うわぁ、おいしそう。このままニンジンを食べてしまいたいわ」と言いました。お肉と切った野菜をお鍋に入れて火にかけ、水を入れてしばらく待つと、お鍋はグツグツ煮えておいしそうまにおいがしてきたので、みんなで「いただきます」と言ったところで、「あれれ、ぼくだけお肉が入ってないよ！」とイヌくんが言ったので、みんなは大笑いしました。みんなで力を合わせて作ったカレーはとてもおいしくて、うれしい気持ちになりました。

（問題１の絵を渡す）
①お話に出てこなかった動物に○をつけてください。
②キャンプ行った時、どんな天気でしたか。選んで○をつけてください。
③八百屋さんでお金を支払ったのは誰ですか。選んで○をつけてください。
④八百屋さんではニンジンをいくつ買いましたか。その数だけ○をつけてください。
⑤誰が火を起こしましたか。○をつけてください。
⑥火を起こす時に使ったものは何ですか。正しいものに○をつけてください。
⑦動物たちが食べたものに○をつけてください。
⑧お話と同じ季節の絵に○をつけてください。

〈時 間〉　各20秒

〈解 答〉　①右から２番目（ネコ）　②左端（晴れ）　③左から２番目（タヌキ）
④○：３　⑤イヌ、サル　⑥新聞紙、マッチ　⑦右端（カレー）　⑧左端（海）

［2020年度出題］

学習のポイント

当校入試の定番化した問題の中で対策学習が最も必要なのが、「お話の記憶」です。まず必要なのが「聞きながら覚える」という作業ですが、「さあ覚えろ」といっても、お子さまにいきなりできることではありません。当校のお話は1,000文字以上で、しかも１分間で300～400字程度とかなりの速さで読まれます。その速さで読まれている話を、聞く、つまり内容は理解することはできても、その情報を整理して覚え、質問に答えるのは難しいことでしょう。ある程度のテクニックは必要です。まずは、「誰が」「何を」「どうしたのか」といった点に注意しながら、お話の流れについていけるようになりましょう。それができるようになったら、次にお話を場面ごとに思い浮かべならが聞けるようにします。その場面の中に「ニンジンを３本買う」といった細かな表現も織り交ぜられるようになれば、当校の問題に対応できるようになります。

【おすすめ問題集】
★筑波大附属小学校　新お話の記憶攻略問題集★（書店では販売しておりません）
１話５分の読み聞かせお話集①②、お話の記憶 初級編・中級編・上級編、
Ｊｒ・ウォッチャー19「お話の記憶」、34「季節」

問題2　分野：お話の記憶

Aグループ女子　集中　聞く

〈準備〉　クーピーペン（8色）

〈問題〉　お話をよく聞いて、後の質問に答えてください。

サルくんとクマくんは動物幼稚園の年長組です。もうすぐ運動会なので、「絶対に優勝したい！」と思って今日も公園の広場に練習をしにやって来ました。今日は爽やかに晴れたよい天気です。空にはこいのぼりが泳いでいるのが見えます。サルくんは星の模様のTシャツ、クマくんは水玉模様のTシャツを着ていました。年長組は運動会で、2人が横に並び隣り合った片足同士をくっつけて、鉢巻きで結んでいっしょに走る二人三脚という競争をします。「1、2、1、2！」と声をかけながら息を合わせて足を動かしましたが、2人は勢いよく転んでしまいました。「さあ、もう一度だ！」起き上がって何度も挑戦しましたが、なかなかうまくいきません。そのうちにクマくんが「僕、疲れてきたよ」と言ったので、サルくんも「じゃあ、少し休もうか」と言っていっしょにベンチに座りました。クマくんが緑色のタオルで汗をふいていると、そこへ同じ幼稚園の年中組のウサギさんとキツネくんが綱を持って歩いてくるのが見えました。ウサギさんは水玉模様のTシャツ、キツネくんはしま模様のTシャツを着ています。「おーい、ウサギさん、キツネくん。何をしているの？」とサルくんが声をかけると、ウサギさんが「運動会の綱引きの練習をしていたけど、キツネくんが強すぎて練習にならないの」と困った顔で言いました。それを聞いたクマくんたちは、「それじゃあ、僕たちが綱引きの練習を手伝ってあげるよ」と言って、ウサギさんとクマくんのチーム、キツネくんとサルくんのチームに分かれて練習を始めました。「ヨーイ、ドン！」のかけ声で「オーエス、オーエス」と綱を引っ張り合いましたが、どちらのチームも強くてお互いに勝ったり負けたりをくり返しました。「綱を握る位置が一番後ろになったら、綱を体に巻きつけて引っ張るといいよ」とクマくんはウサギさんに、サルくんはキツネくんにそれぞれ教えてあげました。教えてもらった後でウサギさんとキツネくんが勝負をすると、さっきまですぐに負けていたウサギさんも強くなっていました。「これなら相手の白組に勝つことができそうだね」とサルくんが言いました。運動会がとても楽しみです。

（問題2の絵を渡す）
①お話に出てきた年長組の動物に○をつけてください。
②お話の中で誰も着ていなかった模様のTシャツに○をつけてください。
③クマくんが持ってきたタオルの色は何色でしたか。同じ色のクーピーペンで○を塗ってください。
④お話に出てきた動物は何人でしたか。その数だけ○を書いてください。
⑤クマくんが綱引きで強くなる方法を教えた人に○をつけてください。
⑥運動会の練習をした日の天気に○をつけてください。
⑦2人3脚の練習で、サルくんとクマくんが足を結んでいたものに○をつけてください。
⑧このお話と同じ季節のものを選んで、○をつけてください。

〈時間〉　各20秒

〈解答〉　①サル、クマ　②右端　③○：緑　④○：4　⑤右から2番目（ウサギ）
⑥左端（晴れ）　⑦右端（鉢巻き）　⑧右端（サクラ）

［2020年度出題］

学習のポイント

Ａグループ女子で出題された問題です。男子と女子でお話の内容や長さに変化はありません。つまり、ここでも標準より長いお話に数多くの問題が設けてあるので、基本的な考え方は同じになります。つまり、①（お話の）情報を整理しながらストーリー展開をつかむ　②細かな描写を含めて場面をイメージするということです。これに加えてここでは、お話の展開とは関係のない「お話の舞台となる季節はどれか」という質問があります。このお話の展開は常識問題、しかも季節についての問題がほとんどです。もちろん、正解しなくてはいけない問題なので、季節についての知識は持っておかなければなりません。出題の多い花の咲く季節、食材の旬の季節などの知識は押さえておきましょう。

【おすすめ問題集】

★筑波大附属小学校　新お話の記憶攻略問題集★（書店では販売しておりません）
1話5分の読み聞かせお話集①②、お話の記憶 初級編・中級編・上級編
Ｊｒ・ウォッチャー19「お話の記憶」、34「季節」

問題3　分野：お話の記憶

Ｂグループ男子　集中　聞く

〈準備〉　クーピーペン（８色）

〈問題〉　お話をよく聞いて、後の質問に答えてください。

今日はクマくんのお家でクリスマス会があります。朝からとても寒いので、ウサギさんは真っ赤なセーターを着て、青いマフラーを首に巻いてクマくんのお家へ出かけていきました。道を歩いていると、途中でリスさんに会いました。リスさんは緑色の帽子をかぶり、青い手袋をしていました。２人がお話をしながらいっしょに歩いていると、空からチラチラと雪が降ってきました。「あっ、雪だ！」とリスさんが言うと、「雪が降るクリスマスなんて、なんだか楽しいね」とウサギさんはウキウキして言いました。そうこうしていると、あっという間にクマくんのお家に着きました。クマくんのお家は２階建てで、ドアが１つと窓が２つあって屋根には煙突がついています。お庭の木の枝には雪がうっすらと積もり、まるで白い花が咲いているようでした。２人が「ピンポーン」と玄関のチャイムを鳴らすと、中からクマくんと、先に着いてパーティーの準備を手伝っていたタヌキくんとキツネさんが出迎えてくれました。「いらっしゃい。僕のお母さんが丸いケーキを焼いてくれたよ。お母さんのケーキはとってもおいしいんだ。みんなで食べよう」とクマくんが言いました。「ケーキを食べる前にクリスマスツリーの飾りつけをお願いね」とクマくんのお母さんは言いました。そこでキツネさんが「星をつけよう」と言うと、みんなも「そうしよう！」と賛成して、星を３つ飾りました。クマくんが「もうちょっときれいにしたいなあ」と言い、星をもう１つ飾ることにしました。さあ、楽しいクリスマス会の始まりです。みんなで「ジングルベル」や「赤鼻のトナカイ」を歌ってから、プレゼント交換をしました。ウサギさんの手袋はクマくんに、クマくんのマフラーはウサギさんに、キツネさんのネックレスはリスさんに、リスさんのクリスマスリースはタヌキくんに、タヌキくんのぬいぐるみはキツネさんに渡りました。プレゼント交換が終わると、クマくんのお母さんが「さあ、どうぞ」とケーキを持ってきてくれました。丸い大きなケーキには、イチゴが５つ乗っています。「いただきまーす！」切り分けたケーキをみんなでおいしくいただきました。１番最初に食べ終わったタヌキくんがふと窓の外を見ると、さっきまで降っていた雪はやんで、辺り一面に積もっていました。「みんなで雪ダルマを作ろうよ」とタヌキくんが言うと、みんなは「賛成！」と言いました。雪で作った大きな丸い球を２つ重ねて緑色のボタンを３つつけ、雪ダルマができあがるころには、あたりは薄暗くなっていました。そろそろお家に帰る時間です。「今日は楽しかったね」とキツネさんが言

いました。帰り道で、「わたしは冬休みにおばあちゃんの家に行くことになっているの」とキツネさんが言うと、「僕はスキーに行くんだ」とタヌキくんが言い、「わたしはお父さんたちと暖かいところへ行くわ」とウサギさんが言いました。「わたしはスケートに連れてってもらうの」とリスさんが言いました。みんなで冬休みにする楽しいことのお話をしながらお家に帰りました。
（問題３の絵を渡す）
①クリスマス会の日の天気に○をつけてください。
②リスさんの手袋は何色でしたか。その色のクーピーペンで○を塗ってください。
③クリスマスツリーに飾った星はいくつでしたか。その数だけ○を書いてください。
④雪だるまのボタンはいくつでしたか。その数だけ○を書いてください。
⑤ウサギさんが身に着けていたものに○をつけましょう。
⑥ウサギさんがあげたプレゼントに○をつけましょう。
⑦冬休みにタヌキくんは何をすると言っていましたか。正しいものに○をつけてください。
⑧お話の季節と同じものに○をつけてください。

〈時　間〉　各20秒

〈解　答〉　①右から２番目（雪）　②○：青　③○：４　④○：３
⑤左端、左から２番目　⑥右端（手袋）　⑦左端（スキー）　⑧右端（門松）

[2020年度出題]

学習のポイント

Ｂグループ男子への問題です。前問でも触れた通り、お話が長く設問数も多いため、細かい部分までしっかりと聞き取る必要があります。ふだんからお話や絵本の読み聞かせなどを通して長めのお話に慣れ、集中力を持続しながら聞く習慣を身に付けておくことが大切です。お話を聞く時の「聞き方のコツ」は、「いつ」「だれが」「どこで」「誰と」「なにをした」といった話のポイントをしっかりと捉えることですが、それを強調しすぎると、お話を聞く楽しさをお子さまは味わえず「お話嫌い」になってしまうかもしれません。そうならないように、お子さまの好みそうな楽しい絵本を読み聞かせたり、ＤＶＤを観る時間も作ってください。バランスが大切です。なお、試験でお話が読み上げられる際には、録音されたものが使われます。テレビなどでニュース原稿が読まれるときのように、速度は一定で、抑揚もそれほどありません。保護者の方が目の前でやさしく読んであげるのに比べ、聞き取りが難しくなります。

【おすすめ問題集】
★筑波大附属小学校　新お話の記憶攻略問題集★（書店では販売しておりません）
１話５分の読み聞かせお話集①②、お話の記憶 初級編・中級編・上級編
Ｊｒ・ウォッチャー19「お話の記憶」、34「季節」

家庭学習のコツ①　**「先輩ママのアドバイス」を読みましょう！**

本書冒頭の「先輩ママのアドバイス」には、実際に試験を経験された方の貴重なお話が掲載されています。対策学習への取り組み方だけでなく、試験場の雰囲気や会場での過ごし方、お子さまの健康管理、家庭学習の方法など、さまざまなことがらについてのアドバイスもあります。先輩ママの体験談、アドバイスに学び、ステップアップを図りましょう！

問題4　分野：お話の記憶

Bグループ女子　集中　聞く

〈準備〉　クーピーペン（８色）

〈問題〉　お話をよく聞いて、後の質問に答えてください。

青い空が広がった日曜日のことです。前からいっしょにキャンプに行くお約束をしていたキツネくんとタヌキくんは、それぞれのお父さんが運転する車に家族で乗って川の近くにあるキャンプ場に行きました。キツネくんは赤い車、タヌキくんは緑色の車です。さっそくキツネくんは、「タヌキくん、川に魚釣りに行こうよ」と誘いました。キツネくんは青いＴシャツを着てバケツと釣りざおを持っています。川に着くと、ウサギのおじさんが魚釣りをしていました。「ここは何が釣れますか？」とキツネくんが聞くと、「ニジマスが釣れますよ」と教えてくれました。２人がそれぞれ釣りを始めようとしているところへ、サルくんとクマくんがやって来ました。「あれっ、キツネくんとタヌキくんもいたの？」とサルくんが声をかけてきました。「さっき、着いたんだ。クマくんたちもいっしょに釣ろうよ」と４人が大きな声でお話ししていると、ウサギのおじさんが「魚釣りはね、静かに待っていないと魚が離れていってしまうんだよ」と教えてくれたので、静かに魚が釣れるのを待ちました。しばらくすると、みんな２匹ずつニジマスを釣ることができました。釣ったニジマスを持ってキャンプ場に戻ると、お父さんとお母さんたちがバーベキューの準備をしていました。「ニジマスが釣れたよ！」と言って、みんなそれぞれお母さんに渡しました。それからクマくんとサルくんは山登りに出かけ、キツネくんとタヌキくんは森に虫捕りに出かけました。森の中にはたくさんの虫がいます。木にはクワガタムシがいて、樹液を吸っています。タヌキくんは「クワガタムシは頭にはさみがあるから、指を挟まれちゃうかもしれないよ」と怖がって、触ることができません。すると「だいじょうぶだよ。体を持てば挟まれないよ」と、キツネくんがさっとつかんで自分の虫カゴに入れました。少し離れた木で、タヌキくんがカブトムシを見つけました。「僕はカブトムシだったら怖くないよ」と言って捕まえて、虫カゴの中へ入れました。トンボやチョウチョも飛んでいたので追いかけて捕まえようとしましたが、トンボは飛ぶのが早く、チョウチョはひらひらと木のてっぺんまで飛んでいくので、どちらも捕まえられません。今度はセミを見つけました。「ミンミーン」と元気に鳴いています。キツネくんとタヌキくんは時間が経つのも忘れて虫捕りを楽しみました。セミを４匹捕まえたので、キツネくんとタヌキくんで仲よく半分ずつ分けました。そこへ「そろそろ、夕ごはんの時間よ」とお母さんたちが呼びに来ました。ちょうどそのとき、クマくんとサルくんもキャンプ場に戻ってきました。「いっぱい遊んでおなかがペコペコでしょう。たくさん食べて、強い子になりましょうね。お相撲で動物に勝った、昔話の金太郎に負けないくらいに」と、キツネくんのお母さんが言いました。タヌキくんは野菜が嫌いなのでお肉ばかり食べていると、タヌキくんのお母さんがお肉といっしょにピーマンとニンジンをお皿に載せてタヌキくんに渡しました。「お肉ばっかりじゃなくて野菜も食べなさい」。タヌキくんは泣きべそをかいてしまいました。「タレをつけるとおいしいよ。少しだけ食べてみたら？」とキツネくんに励まされたタヌキくんは、少しだけ野菜を食べてみました。「これなら食べられそう！」タヌキくんは頑張ってお皿の上の野菜を全部食べました。おなかがいっぱいになったみんなはきれいな星空を見て、その夜は仲よくテントで眠りました。

（問題４の絵を渡す）
①お話に出てこなかった動物に○をつけてください。
②キツネくんが着ていたシャツは何色でしたか。その色のクーピーペンで○を塗ってください。
③動物たちはニジマスを全部でいくつ釣りましたか。その数だけ○を書いてください。
④キツネくんとタヌキくんが捕まえた虫に○をつけてください。
⑤キツネくんとタヌキくんはセミを何匹捕まえましたか。その数だけ○を書いてください。
⑥タヌキくんが、嫌いでも頑張って食べたものに○をつけてください。
⑦キツネくんのお母さんがお話した昔話で、金太郎とお相撲を取った動物に○をつけてください。
⑧お話の季節と同じものに、○をつけてください。

〈時 間〉　各20秒

〈解 答〉　①左端（パンダ）　②○：青　③○：８　④セミ、カブトムシ、クワガタ
⑤○：４　⑥ニンジン、ピーマン　⑦左端（クマ）
⑧右から２番目（風鈴）

［2020年度出題］

学習のポイント

Ｂグループ女子の問題です。当校ではこのように魚や虫など女の子が苦手そうなものも出題されることがあるの注意しておいてください。最低限、過去問や類題に登場したものは覚えておきましょう。このお話ぐらいの長さになってくると、丸暗記するのは大人でも無理です。ポイントを押さえながら聞くということが重要ということがわかるでしょう。登場人物は７人ですが、セリフのない人からたべものの好き嫌いがあるといったキャラクターづけがされている人まで、登場人物の描写に差があることに注目してください。たいていは書き込みの多い登場人物に関する質問が多くなるので、その人物に関する話は特に注意して聞いておいた方がよいということです。⑦はお話には関係のない、「金太郎」に関する問題です。有名なお話に関する質問は、このように「ノーヒント」で出題されることがあるので、これに関する知識も必要です。

【おすすめ問題集】
★筑波大附属小学校　新お話の記憶攻略問題集★（書店では販売しておりません）
１話５分の読み聞かせお話集①②、お話の記憶 初級編・中級編・上級編
Ｊｒ・ウォッチャー19「お話の記憶」、34「季節」

家庭学習のコツ②　「家庭学習ガイド」はママの味方！

問題演習を始める前に、試験の概要をまとめた「家庭学習ガイド（本書カラーページに掲載）」を読みましょう。「家庭学習ガイド」には、応募者数や試験課目の詳細のほか、学習を進める上で重要な情報が掲載されています。それらの情報で入試の傾向をつかみ、学習の方針を立ててから、対策学習を始めてください。

問題5　分野：お話の記憶

Cグループ男子　集中　聞く

〈準備〉　クーピーペン（8色）

〈問題〉　お話をよく聞いて、後の質問に答えてください。

乗りものが大好きなたろうくんは、幼稚園から帰って色鉛筆で新幹線の絵を描いています。お母さんが夕ごはんの支度をしながら、「お父さんが帰ってきたわよ。お絵描きの続きは後にして、お父さんといっしょにお風呂に入ってね」と言いました。たろうくんが玄関にお父さんを迎えに行くと、お父さんは「ただいま」と言って、靴を脱ごうとしてしゃがみました。そのとき、お父さんのお尻のポケットから、何かが落ちました。たろうくんが笑いながら「お帰りなさい。お財布が落ちたよ」と言うと、お父さんは財布を探してキョロキョロと周りを見ます。その間にたろうくんは玄関に飾ってあったススキを手に取って、お父さんのお尻をくすぐりました。お父さんは「くすぐったーい」と言って、たろうくんを捕まえてくすぐり返しました。2人が玄関で大笑いをしていると、お母さんが「早くお風呂に入りなさい」　と怒って言いました。「はーい！」とたろうくんは答えて、お風呂に入る準備をしました。お風呂の中で、2人はしりとりをしました。お父さんが「コマ」と言うと、たろうくんは「まり」、お父さんが「リンゴ」、たろうくんが「ゴリラ」と続けました。ゆっくりとお風呂に入り、夕ごはんを食べ終わるともう8時になっていました。いつもなら寝る時間なのでたろうくんはびっくりして、慌てて新幹線の絵の続きを色鉛筆で描いてから、布団に入りました。あまりにも慌てていたので、色鉛筆を片づけることを忘れてしまいました。夜、たろうくんの家族が寝静まったころ、赤と黄色と緑と黒の色鉛筆が動き出しました。「僕たちで新幹線の絵を描こう」と赤が言うと、「いいよ！」とほかの色たちも元気に絵を描き始めました。そして、赤い新幹線と緑の電車が描けました。黒がＳＬ機関車を描いていると、「僕も入れて」と茶色もやって来て線路を描きました。それを見て、ＳＬ機関車が「わーっ、かっこよくなったね！」と喜びました。黄色も新幹線を描こうとしましたが朝になってしまい、色鉛筆たちは急いで元いた場所に散らばって寝転がりました。そこへお母さんが起きてきて、たろうくんの部屋をのぞきました。「あら、いつの間にこんなに新幹線や電車の絵を描いたのかしら」。窓の外は晴れていて、イチョウやモミジの葉っぱがきれいに色づいていました。

(問題5の絵を渡して)
①しりとりでお父さんが言ったものに○をつけてください。
②お母さんが「早くお風呂に入りなさい」と言った時の顔で正しいものに○をつけてください。
③絵を描いた色鉛筆は全部でいくつですか。その数だけ○をつけてください。
④ＳＬ機関車の絵を描いた色鉛筆は何本でしたか。その数だけ○をつけてください。
⑤たろうくんが描いたものに○をつけてください。
⑥朝になったので、絵を描くことができなかった色鉛筆は何色でしたか。その色のクーピーペンで○を塗ってください。
⑦このお話と同じ季節のものを選んで、○をつけてください。
⑧たろうくんがいつも寝る時間をさしている時計に○をつけてください。

〈時間〉　各20秒

〈解答〉　①コマ、リンゴ　②右端　③○：4　④○：2
⑤右から2番目（新幹線）　⑥○：黄色　⑦左端（お月見）
⑧右端

［2020年度出題］

学習のポイント

Ｃグループ男子の問題です。当校の「お話の記憶」では、お話に登場する「色」についての問題がよく出題されています。たいていは登場人物が身に着けていたもの、持っていたもの、食べたものといったものの色を答えるものですが、ここでは「使った色鉛筆の数」という形で、使った色の数まで聞かれています。これは前述したように「場面をイメージしながら聞く」という聞き方をしないと覚えられるものではありません。また、「いくつあった」「いくつもらった」といった数に関する質問には、特別に対処をした方がよいでしょう。「あわせていくつ」といった形で聞かれることは少ないので「３本」「８時」といった形でお話に数字が登場した時には、頭の中で復唱するのです。自然と覚えられるというお子さまには必要ないでしょうが、長いお話に混乱しがちなお子さまには効果的です。

【おすすめ問題集】

★筑波大附属小学校　新お話の記憶攻略問題集★（書店では販売しておりません）
１話５分の読み聞かせお話集①②、お話の記憶 初級編・中級編・上級編、
Ｊｒ・ウォッチャー19「お話の記憶」、34「季節」

家庭学習のコツ③　効果的な学習方法～問題集を通読する

過去問題集を始めるにあたり、いきなり問題に取り組んではいませんか？　それでは本書を有効活用しているとは言えません。まず、保護者の方が、すべてを一通り読み、当校の傾向、ポイント、問題のアドバイスを頭に入れてください。そうすることにより、保護者の方の指導力がアップします。また、日常生活のさまざまなことから、保護者の方自身が「作問」することができるようになっていきます。

問題6　分野：お話の記憶

Cグループ女子　集中　聞く

〈準　備〉　クーピーペン（８色）

〈問　題〉　お話をよく聞いて、後の質問に答えてください。

お花が大好きなゆうこさんは、お花の絵を描くのも大好きです。今日は雨がしとしとと降っています。「明日は晴れるかな」と考えながら白い画用紙に赤の色鉛筆でバラの花を描いていると、お母さんが「お風呂に入りましょう」と言いました。ゆうこさんはいつも７時になったらお風呂に入り、８時になったら寝るとお約束しています。ゆうこさんは、お風呂に入りながらお母さんとしりとりをしました。ゆうこさんが「山」と言うとお母さんが「まり」、ゆうこさんが「リス」、お母さんが「スイカ」と続けました。お風呂を出てからお絵描きの続きをしていると、眠くなってきて、ゆうこさんは色鉛筆を片付けずに、雨の音を聞きながらそのまま寝てしまいました。夜、ゆうこさんの家族がすっかり寝静まったころ、カタカタと色鉛筆たちが動き出しました。箱の中にいた色鉛筆の緑が、黄色に話しかけます。「黄色さん、いっしょに画用紙に絵を描こうよ」。「いいよ」。そう言うと２本は箱から飛び出して、黄色は画用紙にヒマワリの花びらを描き始めました。「黄色さん、きれいね。でも緑の花はないから、わたしは何を描いたらいいのかしら」と緑は寂しそうに言いました。そこへ、箱の外で寝ていたほかの４色の色鉛筆もやって来ました。ピンクがサクラの花を描きました。「まあ、すてき。でも緑の花はないから、わたしは何を描いたらいいのかしら」と寂しそうに緑は言いました。そこへ青がやって来てアジサイの花を、紫はアサガオの花を描きました。「まあ、すてき。でも緑の花はないから、わたしは何も描けないわ」と緑はしょんぼりしています。そこへ赤がやって来て言いました。「どうしたの？」「わたしは何も描くものがないの」。すると、赤がよいことを思いつき、「わたしがチューリップの花を描くから、緑さんは葉っぱを描いてね」と言いました。緑は喜んで、チューリップの茎と葉っぱを描きました。朝になり少しずつ明るくなってきたので、色鉛筆たちは静かに元の場所へ戻りました。７時になると、お母さんがゆうこさんを起こしに来ました。「７時よ、起きなさい。あら、すてきな絵ね」窓の外は雨がやんで虹が出ていました。そして虹の下には、こいのぼりが風に吹かれて気持ちよさそうに泳いでいました。

（問題６の絵を渡す）
①ゆうこさんがしりとりで言ったものに○をつけてください。
②ゆうこさんは何の絵を描くことが好きですか、選んで○をつけてください。
③ゆうこさんが寝る前の天気に○をつけてください。
④箱の中にいた色鉛筆は何色でしたか。その色のクーピーペンで○を塗ってください。
⑤箱の外にいた色鉛筆はいくつでしたか。その数だけ○を書いてください。
⑥青が描いたものに○をつけてください。
⑦このお話と同じ季節のものを選んで、○をつけてください
⑧ゆうこさんが起きる時間をさしている時間に○をつけてください。

〈時　間〉　各20秒

〈解　答〉　①左端（山）、右端（リス）　②右端（花）　③左端（雨）　④○：緑、黄色
⑤○：４　⑥右から２番目（アジサイ）　⑦右から２番目（カブト）
⑧右から２番目

［2020年度出題］

学習のポイント

Ｃグループ女子の問題です。この問題でもお話に登場する「色」や「時間」についての問題があります。月齢の低いお子さまには難しいと思われる問題ですが、当校のお話の記憶ではその点についてはあまり斟酌されないようです。解き方は同じく「場面をイメージしながら聞く」ということになります。色鉛筆同士が話したりと、大人から見るとイメージしにくいと思われる場面もありますが、先入観のないお子さまには逆に簡単なことかもしれません。また、この問題のようにお話の内容とはあまり関係のない質問が多いと、集中してお話を聞く必要がないようにも思えます。しかし、「～色の～」とイメージするよりは、「青鉛筆が黄色鉛筆に～と言った」という場面をイメージする方が具体的でイメージしやすく記憶に残りやすいので、集中して正確に聞くことはやはり必要なのです。

【おすすめ問題集】

★筑波大附属小学校　新お話の記憶攻略問題集★（書店では販売しておりません）
１話５分の読み聞かせお話集①②、お話の記憶 初級編・中級編・上級編、
Ｊｒ・ウォッチャー19「お話の記憶」、34「季節」

問題７　分野：図形（構成）

Ａグループ男子　観察　考え

〈準備〉　クーピーペン（青）

〈問題〉　この問題の絵は縦に使用してください。
１番上の段の絵を見てください。左の四角の図形を組み合わせてできる形に○をつけてください。図形は向きを変えても構いませんが、裏返しや重ねることはできません。１枚目の問題が終わったら、２枚目も同じように続けてください。

〈時間〉　３分

〈解答〉　下図参照

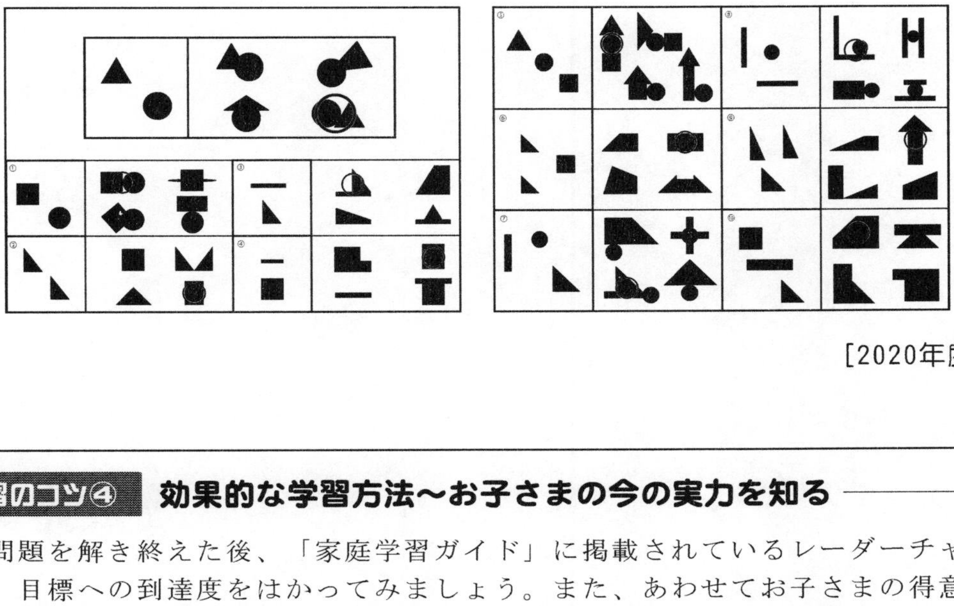

［2020年度出題］

家庭学習のコツ④　効果的な学習方法～お子さまの今の実力を知る

１年分の問題を解き終えた後、「家庭学習ガイド」に掲載されているレーダーチャートを参考に、目標への到達度をはかってみましょう。また、あわせてお子さまの得意・不得意の見きわめも行ってください。苦手な分野の対策にあたっては、お子さまに無理をさせず、理解度に合わせて学習するとよいでしょう。

学習のポイント

当校入試では図形分野の問題も設問の数が多く、正確さとスピードが要求される作りになっています。この問題は図形の合成の問題ですが、基本的な解き方、つまり見本の図形と選択肢の図形を見比べながら、見本の形をいちいち確認するという方法では時間内に解くことは難しいかもしれません。そこでおすすめしたいのが、選択肢の図形に補助線を引きながら判断していく方法です。例えば見本の形が三角形と円の組わせであれば、選択肢の図形に三角形があらわれるように補助線を引きます。三角形に円が食い込んでいるような形なら、欠けている三角形の１辺をつなぐイメージです。この補助線を引くと少なくとも三角形の形・大きさがわかるので、すぐに判断できるというわけです。

【おすすめ問題集】

★筑波大附属小学校図形攻略問題集①②★（書店では販売しておりません）
Ｊｒ・ウォッチャー９「合成」

問題8　分野：図形（構成）

Aグループ女子　観察　考え

〈準　備〉　クーピーペン（青）

〈問　題〉　**この問題の絵は縦に使用してください。**
１番上の段の絵を見てください。左の四角の図形を組み合わせができない形に○をつけてください。図形は向きを変えても構いませんが、裏返しや重ねることはできません。１枚目の問題が終わったら、２枚目も同じように続けてください。

〈時　間〉　３分

〈解　答〉　下図参照

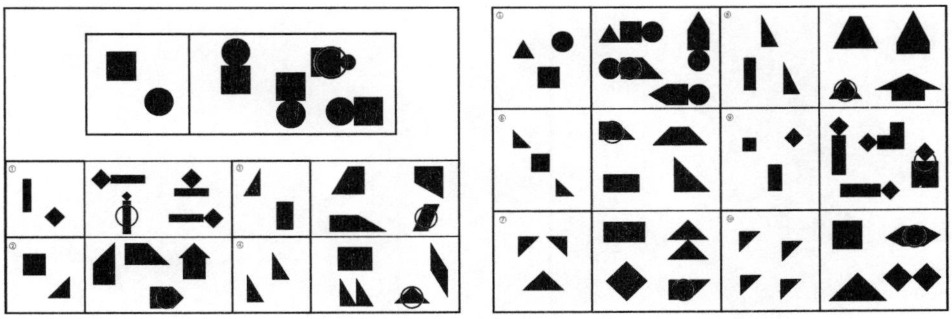

［2020年度出題］

学習のポイント

Ａグループの女子も男子と同様に図形の合成の問題ですが、女子は「（合成）できない形を見つける」という聞き方になっています。「できないものを見つける」という問題は一見難しそうに見えますが、「消去法」が使えるので男子よりは簡単に答えがわかるかもしれません。具体的には見本の形の１つを選び、選択肢の形と照合し、合っていないものが答えになります。例えば例題の見本は●と■ですが、試しに●から選択肢の形と見比べてみます。すると、見本に比べ小さい●を使った選択肢が１つあります。見本の●と■をどのように重ねてもこの図形はできないので、これが答えになります。ただし、３つ以上の形を合成する場合（⑤～⑧）は、重なり方によっては混乱してしまうので、前問の「図形を分割する補助線を引く」という方法の方がわかりやすいかもしれません。お子さまの理解しやすい考えで指導してください。

【おすすめ問題集】

★筑波大附属小学校図形攻略問題集①　②★（書店では販売しておりません）
Ｊｒ・ウォッチャー９「合成」

問題９　分野：図形（対称図形）

Bグループ男子　観察　考え

〈準備〉　クーピーペン（赤）

〈問題〉　１番上の絵を見てください。左のマス目の中に、●と○があります。○が●の反対側に動くと、それぞれどのようになりますか。○が移動するところに○を書いてください。○がマス目の外に行く時には○を書いてはいけません。１枚目の問題が終わったら、２枚目も同じように続けてください。

〈時間〉　３分

〈解答例〉　下図参照

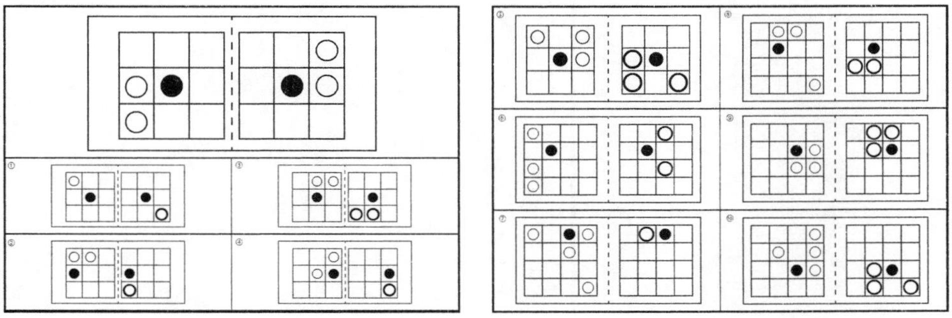

［2020年度出題］

学習のポイント

Ｂグループ男子には、対称図形の問題が出題されました。「○が～に移動します、ほかのものはどのようになりますか」という聞き方をしています。普通の対称ではなく「ななめ」にも移動があるので、「左右」と「上下」を足したような変化を意識する必要があるのでお子さまには難しい問題といえます。そのことがわかるのは⑤からの問題でしょう。位置の移動や図形回転ではないので悪く言えば「ひっかけ」の問題ですから、「こういう出題もある」と知っておけばよい、ですませることもできますが、とりあえずの対策を考えてみましょう。まず、問題文をよく聞きその内容を正確に理解するのは当たり前として、「問題文以上のことは予測しない」ようにしましょう。次に「勘違いしたことがわかったら、すぐに最初の問題に戻る」ということ。警戒して取り掛かりが遅くなるより、結果的に多くの問題に答えることができます。なお、「○がマス目の外に行くことがある」という問題文から、対称図形の問題と判断するのは、お子さまにとってはかなり難しいことです。

【おすすめ問題集】

★筑波大附属小学校図形攻略問題集①②★（書店では販売しておりません）
Ｊｒ・ウォッチャー８「対称」

問題10　分野：図形（回転図形・重ね図形）

Ｂグループ女子　観察　考え

〈準　備〉　クーピーペン（青）

〈問　題〉　１番上の絵を見てください。矢印がついている図形を矢印の方向に傾かせ、その隣の図形に重ねます。その時に○がないマス目はどこでしょうか。右端の四角にその位置を書いてください。１枚目の問題が終わったら、２枚目も同じように続けてください。

〈時　間〉　３分

〈解答例〉　下図参照

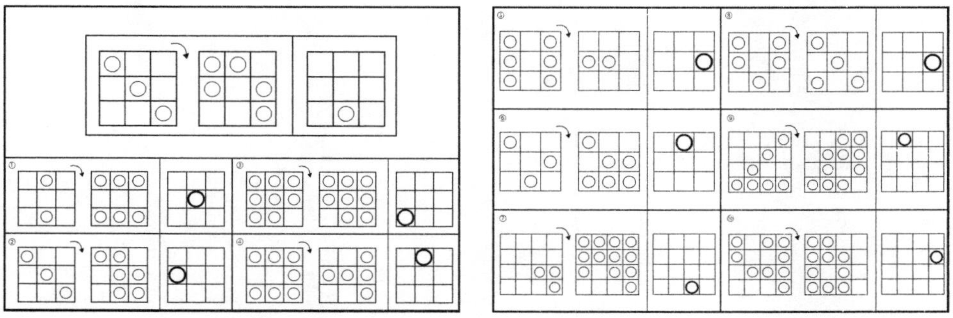

［2020年度出題］

学習のポイント

Ｂグループ女子の問題です。絵を回転させてから重ねるという２段階の変化があるので、かなり難しく見えますが、「○がないところを答える」という聞き方なので効率よく答えることもできます。具体的な答え方としては、①頭の中で左の図形を回転させ、移動した○を真ん中のマス目に書き込む。②そこで空欄になっているのが答えなので、右のマス目の正しい場所に○を書き込む。ということになります。①は図形全体ではなく、移動した○を１つずつ書いてもよいでしょう。全体としてみれば当校としては珍しく単純な問題と言えます。⑤～からマス目が４×４になっていますからさらに複雑に見えますが、切り分けて考えればそれほど難しくないでしょう。確実に答えておきたい問題です。

【おすすめ問題集】

★筑波大附属小学校図形攻略問題集①②★（書店では販売しておりません）
Ｊｒ・ウォッチャー35「重ね図形」、46「回転図形」

問題11　分野：図形（系列）

Ｃグループ男子　観察　考え

〈準 備〉　クーピーペン（赤）

〈問 題〉　図形に書かれている記号はお約束どおりに並んでいます。空いている太い四角の中にはどのような記号が入るでしょうか。その記号を太い四角の中に書いてください。

〈時 間〉　３分

〈解 答〉　下図参照

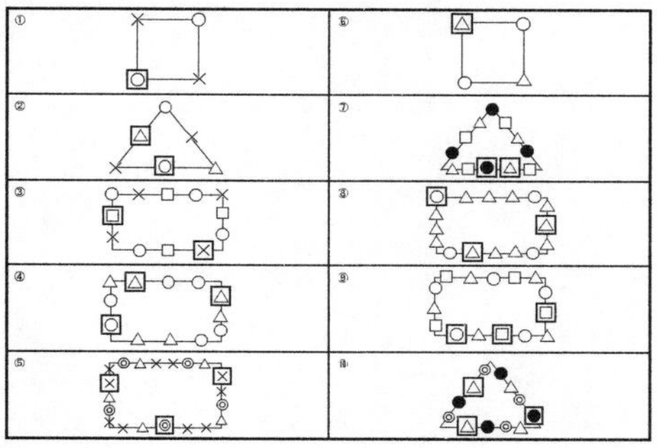

［2020年度出題］

学習のポイント

Ｃグループ男子の問題ですが、当校ではめったに出題されない「系列」の問題です。系列は本問のように、あるパターンで並んでいる記号や絵の一部が空欄になっており、その空欄に当てはまる記号を書く、選ぶといった問題がほとんどでしょう。よく知られたテクニックに、「同じ記号や絵を探してそれぞれ別の指で押さえ、その指の間隔を保ったまま「？」になっているマスに、一方の指を移動させて解答を導く」という方法がありますが、ここではマスが直線に並んでいないので使えません。これは「ハウツーを使って正解を出しても意味がない、よく考えて答えてください」というメッセージと考えましょう。同じ問題の中に必ず答えとなる記号があり、空欄となっているマスの数も多くありません。どんなパターンで並んでいるのかから考えても、充分答えられる時間の余裕があります。

【おすすめ問題集】

★筑波大附属小学校図形攻略問題集①②★（書店では販売しておりません）
Ｊｒ・ウォッチャー６「系列」

問題12　分野：図形（系列）

Ｃグループ女子　観察　考え

〈準備〉　クーピーペン（青）

〈問題〉　図形に書かれている記号はお約束どおりに並んでいます。空いている【　】の中にはどのような記号が入るでしょうか。その記号を太い四角の中に書いてください。

〈時間〉　３分

〈解答〉　下図参照

① ○→×→○→【×】→○→×	⑦ ×→△→○→【×】→△→【○】
② ●→□→△→●→□→【△】	⑧ ●→▲→【■】→【●】→▲→■→【●】→▲→■→●
③ ○→△→○→【△】→【○】→△	⑨ 【×】→×→△→●→×→×→【△】→●→×→【×】
④ 【○】→△→【●】→○→△→●	⑩ △→【○】→◇→◇→△→○→◇→【◇】→△→【○】
⑤ △→【●】→×→【△】→●→×	⑪ △→【□】→◇→□→【△】→□→【◇】→□→△→□
⑥ ○→【◇】→○→◇→【○】→◇	

［2020年度出題］

学習のポイント

Ｃグループ女子も、過去10年以上出題のない「系列」の問題です。この問題は直線上に記号が並んでいるので、「同じ記号や絵を探してそれぞれ別の指で押さえ、その指の間隔を保ったまま、「？」になっているマスに、一方の指を移動させて解答を導く」という方法が⑤までは使えます。ただし、それ以降は同じ記号が２回以上出てきたり、「？」になっている部分が多かったりで、そのテクニックを使うとかえって混乱しそうです。純粋にどのようなパターンかを考えた方が早く、正確に解答できます。なお、判断が分かれるところなのですが、弊社では系列の問題を推理分野の問題として扱っています。パターンを類推するには「ここが～だから、空欄に当てはまるのは～だ」という論理的思考が系列の問題には必要だからです。

【おすすめ問題集】

★筑波大附属小学校図形攻略問題集①②★（書店では販売しておりません）
Ｊｒ・ウォッチャー６「系列」

問題13　分野：制作

Ａグループ男子　聞く　創造

〈準備〉　丸が印刷された顔の台紙1枚、長方形１/４サイズの折り紙（赤、4枚）、丸シール（赤、１枚）、ひも（赤、１本）、クーピーペン（緑）、スティックのり

〈問題〉　この問題は絵を参考にしてください。
これから「イモムシ」を作ってもらいます。

①丸が印刷された台紙の丸を緑のクーピーペンで塗り目を作り、その下に口を描いて顔にしたら周りをちぎりましょう。
②折り紙４枚の外側が赤、白、赤、赤、白の順番になるように輪つなぎをしましょう。
③輪つなぎの端に、顔を後ろから丸シールで貼って留めましょう。
④おしり側の輪にひもを通して、チョウ結びをしましょう。

〈時間〉　５分

〈解答〉　省略

［2020年度出題］

学習のポイント

例年と同じく、教室の最前列にモニターが置かれ、試験中はそこに制作のお手本が映し出されるという形で行われました。作業中にお手本を見直すことはできるので作業を忘れたり、自信がなくなった時にはすぐに確認してください。というのは作業内容自体が簡単になる傾向があるので、時間に比較的余裕があること、つまり時間内に完成させるお子さまが多いので、指示間違いなどのケアレスミスでしか差がつかないからです。この制作で行う作業は、「紙をちぎる・折る・貼る」「輪をつなぐ」「色を塗る」などです。「ちぎる」はともかく、ほかの作業はほかの学校の入試でもよく見られるものですから、特別な準備は必要ないでしょう。過去問や類題集などで経験しておけば、問題なく行えるレベルのものです。

【おすすめ問題集】

★筑波大附属小学校工作攻略問題集★（書店では販売しておりません）
実践 ゆびさきトレーニング①②③
Ｊｒ・ウォッチャー23「切る・貼る・塗る」

問題14　分野：制作

Aグループ女子　聞く　創造

〈準備〉　女の子が印刷された台紙（穴が開いている、１枚）、正方形１／４サイズの折り紙（赤、２枚）、丸シール（赤、１枚）、ひも（赤、１本）、クーピーペン（赤）、スティックのり

〈問題〉　この問題は絵を参考にしてください。
これから「動物園」を作ってもらいます。

①折り紙１枚を半分に折り三角を作り、三角の折れ線のところを折り上げて帽子を作ってください。それを台紙の女の子の頭にスティックのりで貼ってください。
②丸シールを帽子に貼ってください。
③旗の中の丸を赤のクーピーペンで塗ってください。
④折り紙１枚を長方形になるよう半分に折ってからちぎり、ギザギザの柵の線の横に動物園の門になるようにスティックのりで貼ってください。
⑤台紙のギザギザの柵の線の真ん中にクーピーペンで線を引いてください。
⑥柵の中に４本足の動物を描いてください。
⑦台紙の穴にひもを通して、チョウ結びをしてください。

〈時間〉　５分

〈解答〉　省略

[2020年度出題]

学習のポイント

Ａグループ女子の課題です。やはり、作業内容は年々単純なものになっていますが、この課題は比較的作業の種類が多く、それにともなって指示も複雑になっています。手元の材料に気をとられたりしないで、指示をしっかりと理解しましょう。④→⑤のように「～したものに線を引く」といった２段階の指示もあるので手順も守る必要があります。前問とは違い、時間的余裕がないので出来映えにあまり気を使わなくてもよいでしょう。当校入試は特にその傾向が強いのですが、評価の基準は結果ではなく過程です。年齢なりの作業ができないと評価されるような出来のものを作るのはよくないですし、失敗するのもよくないですが、指示を守らないよりは「マシ」なのです。

【おすすめ問題集】

★筑波大附属小学校工作攻略問題集★（書店では販売しておりません）
実践 ゆびさきトレーニング①②③
Ｊｒ・ウォッチャー23「切る・貼る・塗る」

問題15　分野：制作

Ｂグループ男子　聞く　創造

〈準備〉　ビニール袋１枚、丸が書かれた目玉の台紙１枚、正方形１／４サイズの折り紙（赤、１枚）、四角シール（白、１枚）、丸シール（白、１枚）、ひも（赤、１本）、クーピーペン（青）、スティックのり

〈問題〉　この問題は絵を参考にしてください。
これから「おばけ」を作ります。

①ビニール袋をふくらませて、袋の口を四角シールで留めてください。
②目玉の中の丸を青のクーピーペンで塗り、外側の丸を線でちぎってビニール袋にスティックのりで貼ってください。
③丸シールをもう片方の目玉にして貼ってください。
④折り紙を半分折って、三角にしてください。それでおばけの口が完成です。それをスティックのりでビニール袋に貼ってください。
⑤ビニール袋の口にひもを巻いて、チョウ結びをしてください。

〈時間〉　適宜

〈解答〉　省略

［2020年度出題］

学習のポイント

Ｂグループ男子への課題です。ほかのグループと同じく、当校入試の過去の問題に比べれば簡単な課題になっています。指示もそれほど複雑ではないので、適当に指示を聞いていても、結果は同じかもしれません。②の「ちぎり」以外は経験のある作業ばかりでしょうから、言われた通りの順番で落ち着いて行ってください。もし時間があまっても、気に入らないところを直したりはしないでください。修正しようとすると、余計におかしくなることもありますし、何より手順を守っていないと思われるとよくありません。なお、⑤のひも結びは必ず出題されるので、チョウ結び、固結びともに練習しておきましょう。

【おすすめ問題集】

★筑波大附属小学校工作攻略問題集★（書店では販売しておりません）
実践 ゆびさきトレーニング①②③
Ｊｒ・ウォッチャー23「切る・貼る・塗る」

問題16　分野：制作

Ｂグループ女子　聞く　創造

〈準 備〉　ウサギが書かれている台紙１枚、丸が書かれている台紙１枚、四角シール（黄色、１枚）、正方形１／４サイズの折り紙（赤、１枚）、ひも（赤、１本）、クーピーペン（青）、スティックのり

〈問 題〉　**この問題は絵を参考にしてください。**
これから「ウサギのパンケーキ」を作ります。

①ウサギのエプロンのポケットを青のクーピーペンで塗り、顔を描いてください。
②台紙の丸をちぎって、ウサギが持っているフライパンの真ん中にある×にスティックのりで貼ってください。その上に、四角シールを貼ってパンケーキにしてください。
③折り紙を、２回折って小さい三角を作り、それを帽子にし、ウサギの頭にスティックのりで貼ってください。
④台紙の穴にひもを通して、チョウ結びをしてください。

〈時 間〉　５分

〈解 答〉　省略

［2020年度出題］

学習のポイント

Ｂグループ女子への問題です。内容は男子のものより少し複雑になっていますが、「色を塗る」「紙をちぎる」「のり付け」「折る」「チョウ結び」という作業内容はほぼ同じです。指示が複雑で作業の種類が多かった過去の入試と比べても仕方がありませんが、それにしても傾向が変わっています。この内容だとさすがに時間内に作業が終わらないとよい評価は得られません。確実に作業を行って、完成させましょう。ちなみにどの課題でも登場する「ちぎり」ですが、爪であらかじめ線を引き、それに沿ってちぎるという方法もあるようです。時間に余裕があれば行ってみてください。

【おすすめ問題集】

★筑波大附属小学校工作攻略問題集★（書店では販売しておりません）
実践 ゆびさきトレーニング①②③
Ｊｒ・ウォッチャー23「切る・貼る・塗る」

問題17　分野：制作

Ｃグループ男子　聞く　創造

〈準備〉　太線が書かれている台紙（穴が開いている、１枚）、画用紙（2.5×10センチ、赤、１枚）、目玉が書かれている台紙１枚、大きい丸シール（黒、１枚）、小さい丸シール（白、１枚）、ひも（赤、１本）、クーピーペン（ピンク）、スティックのり

〈問題〉　この問題は絵を参考にしてください。
これから「べろべろくん」を作ります。
①台紙の穴が下になるように置いて、上の部分を太線のところで下向きに折ってください。
②目玉の中の丸をピンクのクーピーペンで塗り、外側の丸い線でちぎってください。
③大きい丸シールの上に小さい丸シールを貼って目玉にし、折った台紙の上の面に貼ってください。
④ピンクの目玉も折った台紙の上に面にスティックのりで貼ってください。
⑤赤い画用紙を指に巻きつけて丸め、折った台紙の上の面に裏側からスティックのりを貼ってください。
⑥台紙の穴にひもを通して、チョウ結びをしてください。

〈時間〉　５分

〈解答〉　省略

［2020年度出題］

学習のポイント

Ｃグループ男子への問題です。制作問題ではあまり月齢による配慮はないようで、比較的難しい作業が入っています。⑤の「赤い画用紙を指に巻きつけて丸める」というのは、長方形の画用紙を指に巻きつけて曲げ、「べろべろくんの舌」を作る工程です。ＶＴＲで工程を観ればわかるとは思いますが、この問題集を見て制作する場合は保護者の方から補足の説明するか、お手本を見せてあげてください。それ以外の作業はほかのグループと変わらない作業なので解説は必要ありません。月齢に関係なく時間内に終わる作業内容です。問題があるようなら道具の使い方、指示の聞き方などを含めて対策を行ってください。

【おすすめ問題集】

★筑波大附属小学校工作攻略問題集★（書店では販売しておりません）
実践 ゆびさきトレーニング①②③
Ｊｒ・ウォッチャー23「切る・貼る・塗る」

問題18　分野：制作

Ｃグループ女子　聞く　創造

〈準 備〉 太線と丸が書かれた台紙（穴が開いている、１枚）、画用紙（赤、2.5×15センチ、１枚）、目玉が描かれた台紙１枚、丸シール（黒、１枚）、ひも（赤、１本）、クーピーペン（ピンク）、スティックのり

〈問 題〉 この問題は絵を参考にしてください。
これから「鳥」を作ります。

①丸が見えるようにして、台紙の上と下を太線のところで後ろ側に折り曲げてください。
②目玉の中の丸をピンクのクーピーペンで塗り、外側の丸い線でちぎってください。
③折った台紙の丸の中に丸シールを貼り、目玉にしてください。
④ピンクの目玉も折った台紙にスティックのりで貼ってください。
⑤赤い画用紙を２回半分に折り、両端の面を重ねて三角の形を作り、くちばしにしてスティックのりで台紙に貼ってください。
⑥台紙の穴にひもを通して、チョウ結びをしてください。

〈時 間〉 ５分

〈解 答〉 省略

［2020年度出題］

学習のポイント

Ｃグループ女子への問題です。やはり月齢に配慮はなさそうで、ほかのグループと同じ作業内容です。ですので、注意するポイントも同じになります。一言で言うなら「指示をよく聞いて、その通りの手順で時間内に作る」となります。もう１つ付け加えるとすれば、周りの様子を気にしないこと。（試験の）グループ内で自分より先に「できた」などというお子さまがいても、焦ったりしないようにしてください。作業の速さを競っているわけではないので、時間内にできれば評価は同じです。なお、こうした制作の問題では、できれば試験で使われた材料・道具を使ってください。紙の質によってちぎりなどの難しさは違いますし、文房具１つとっても経験のあるなしで作業の速さが違ってきます。

【おすすめ問題集】

★筑波大附属小学校工作攻略問題集★（書店では販売しておりません）
実践 ゆびさきトレーニング①②③
Ｊｒ・ウォッチャー23「切る・貼る・塗る」

問題19　分野：運動

全グループ　聞く

〈準 備〉　なし

〈問 題〉　・クマ歩き
U字型の線に沿って１人ずつクマ歩きをする。
できるだけ早く歩く。
前の子がトラックの半分を過ぎたら、次の子はスタートラインに立つ。
線の内側に入ってはいけない。
待っているあいだは、静かに待機する。

〈時 間〉　適宜

〈解 答〉　省略

［2020年度出題］

学習のポイント

例年出題されている「クマ歩き」の課題です。それほど難しいものではありませんので、充分に練習をしておきましょう。「運動」の課題では、運動能力そのものだけでなく、取り組む姿勢や待機中の態度なども観られます。ふざけて真面目に取り組まなかったり、騒いで進行を妨げたりしてはいけません。上手くできなくても、あきらめずに取り組むことが大切です。そして、自分の番になったら全力で取り組みましょう。本年度はお友だちが課題に取り組んでいる時、応援をするように指示されたグループと、声を出して応援をせずに「静かに待機」という指示されたグループがあったようです。待機中の姿勢も評価の対象になることを考えておくとよいでしょう。

【おすすめ問題集】

新運動テスト問題集、Ｊｒ・ウォッチャー28「運動」

問題20　分野：行動観察

全グループ　聞く　協調

〈準　備〉　なし

〈問　題〉　この問題の絵はありません。

～並び競争

「背の低い順番」「誕生日の順番」「ヘアバンド（受験時にゼッケンの代わりに頭につける）の番号順」などその場で指示のあった順番に並ぶ。

グループ作りゲーム

「朝ごはんに食べたもの」「好きな色」「誕生日の月」などその場の指示通りに、お友だちと声をかけあってグループを作る。

ジャンケンゲーム

グループで相談して出す手を１つ決めて、グループ対抗でジャンケンをする。

〈時　間〉　適宜

〈解　答〉　省略

［2020年度出題］

学習のポイント

行動観察の課題は昨年より２つ増え、３つになっています（「～並び競争」、「グループ作りゲーム」）。とは言え、観点は同じで協調性とコミュニケーション能力を測りたいのでしょう。具体的に言えばほかの人の意見を聞き、それに賛成するなり、ほかの意見を言うというコミュニケーションができるかということです。どれも競う課題になっていますが、勝敗はほとんど関係ありませんから、こだわる必要はありません。なお、グループによってはうまくコミュニケーションが取れないお子さまがいることもあるでしょうが、できるだけそういったお子さまともコミュニケーションを取るようにしてください。そうしたお子さまともコミュニケーションが取れるということで評価が上がるかもしれません。

【おすすめ問題集】

Ｊｒ・ウォッチャー29「行動観察」、新口頭試問・個別テスト問題集

問題21　分野：お話の記憶

Aグループ男子　集中　聞く

〈準備〉　クーピーペン（８色）

〈問題〉　お話をよく聞いて、後の質問に答えてください。

ある日、クマくんとリスさんが仲良くおしゃべりをしています。「明日、山登りに行かない」とクマくんが誘うと、リスさんは「いいよ、ほかにも行く人はいないかな」と言うと、カメくんが「ぼくも行きたい」と声をかけてきました。それからウサギさんも「わたしも行きたい」と言ってきたので、クマくん、リスさん、カメくん、ウサギさんで山登りをすることになりました。リーダーは、山登りをしたことがあるクマくんです。「お弁当、水筒、帽子、カッパを忘れないでね」とみんなに言いました。もう１つ、「途中であきらめないこと」を約束しました。クマくんは、すでにリーダーらしくなっています。
次の日の朝、みんなは広場に集合しました。クマくんは青、ウサギさんは黄色、カメくんは緑、リスさんは星のマークの付いた帽子をかぶってきました。少し暑いけれど、晴れていてとてもよいお天気です。山に向かって歩いていくと、途中でタヌキさんと出会いました。「どこに行くの」と聞かれたので、クマくんは「山登りに行くんだ。いっしょに行かないかい」と言いました。でも、タヌキくんは「山登りの準備をしていないから行けないや。また今度さそってね」と残念そうに答えました。
山を登り始めると、とつぜん雨が降ってきました。カメくんは疲れてしまい、「タヌキさんと代わっていればよかった」と泣きそうになっています。「あきらめない約束だよ」と、クマくんが声をかけてから、みんなで休憩することにしました。少し休むとみんな元気を取り戻したので、また歩き始めました。いつの間にか雨もやんで、山頂に着いた時にはすっかり晴れていて、遠くにとても高い富士山が見えました。みんな笑顔で景色を眺めています。きれいな景色を見て、疲れもどこかへ行ってしまったようです。「グー」と、クマくんのお腹の音が聞こえました。お腹がすいてきたので、みんなでお弁当を食べることにしました。クマくんとリスさんはおにぎりを、カメくんとウサギさんはサンドイッチを持ってきました。こんな景色の中で食べるお弁当は、今までにないくらい、美味しく感じました。「今度は、タヌキさんといっしょに来たいね」とクマくんが言うと、「うん、この景色を見せてあげたいよね」とウサギさんも言いました。お腹いっぱいになって、もう少し休んでいきたいところでしたが、「山の天気は変わりやすいから、帰ろう」とクマくんが声をかけたので、早めに帰ることになりました。しっかり者のクマくんは、最後までリーダーでした。

（問題21の絵を渡す）
①今日の山登りのリーダーは誰ですか。リーダーの帽子の色のクーピーペンで○をつけてください。
②広場に集合した時、どんな天気でしたか。選んで○をつけてください。
③山に行く途中で出会ったのは誰ですか。選んで○をつけてください。
④山に登った動物たちの数だけ、○を書いてください。
⑤お弁当にサンドイッチを持ってきたのは誰ですか。○をつけてください。
⑥カメくんは山に登っている途中、どんな表情でしたか。カメくんがかぶっていた帽子の色のクーピーペンで○をつけてください。
⑦カメがお話の中に出てくるものはどれですか。選んで○をつけてください。
⑧頂上からは何が見えたでしょうか。選んで○をつけてください。

〈時間〉　各20秒

〈解答〉　①右端（クマ）、○：青　②左端（晴れ）　③真ん中（タヌキ）　④○：４
⑤左端（カメ）、右から２番目（ウサギ）　⑥左から２番目、○：緑
⑦左から２番目（浦島太郎）　⑧左端（富士山）

［2019年度出題］

学習のポイント

当校では、お話の記憶の問題が毎年すべてのグループで出題されています。録音された音声を使用し、1000字を越える長いお話が読まれます。内容は、動物や家族がお出かけをする、オーソドックスなものがほとんどですが、設問は、お話の流れに沿ったものばかりではありません。持ちものや服装などの細かい描写、数や色、季節などを問う、他分野との複合的な問題を中心に、例年10題程度、ストーリーとは直接関係がない問題も含めて出題されています。こういったお話の長さ、設問の内容や数をふまえると、標準的な問題よりはかなり難しい問題と言えます。本校を志望するとしても、基礎力が身に付かないうちにこのレベルの問題に取り組ませてしまうと、お子さまに大きな負荷がかかるでしょう。まずは、聞き取る力にあわせて、計画的、段階的な練習を行いましょう。お話の内容の聞き取りからはじめ、ストーリーの細部の聞き取り、季節の知識、試験形式で行う総合練習、難度の高い問題に取り組む発展練習へと、目標を決めながら進めてください。

【おすすめ問題集】

★筑波大附属小学校　新お話の記憶攻略問題集★（書店では販売しておりません）
1話5分の読み聞かせお話集①・②、お話の記憶 初級編・中級編・上級編、
Ｊｒ・ウォッチャー19「お話の記憶」

問題22　分野：お話の記憶

Aグループ女子　集中　聞く

〈準 備〉　クーピーペン（８色）

〈問 題〉　お話をよく聞いて、後の質問に答えてください。

クマくんがお家のお手伝いで、庭の草むしりをしています。とっても暑い日だったので、お母さんに「プールに行ってもいい」と聞くと、「お手伝いをいっぱいしてくれたから行ってもいいわよ」と言ってくれました。それから、「お菓子も持っていっていいわよ」と言われたので、「チョコがいい」と答えると、「暑い日にはチョコが溶けてしまうから、持って行かない方がいいわね。クッキーかおせんべいにしたら」と言われ、クッキーを持っていくことにしました。クマくんは、クッキーといっしょに、青い水着と緑色のタオルをかばんに入れて、プールへと向かいました。
プールに行く途中で、サルくんに会いました。サルくんは水玉模様の浮き輪を持っていて、「プールに行くのならいっしょに行こうよ」と言ったので、クマくんはいっしょに行くことにしました。２人でプールに向かって歩いていると、今度はイヌくんに会いました。イヌくんはカブトムシの絵が描かれたビーチボールを持っています。イヌくんも誘って、みんなで仲良くプールに行くことにしました。
プールに着くと、すぐに着替えてプールに入ろうとしたのですが、クマくんは「あっ、帽子がない」と声をあげました。帽子をかぶらなければプールに入ることはできません。ここまで来たのにプールに入れないのかと思うと、クマくんは悲しくなってきました。いっしょに来たイヌくんとサルくんが、かばんの中を探していると、イヌくんのかばんの奥の方にもう１つ帽子がありました。「これをかぶるといいよ」とイヌくんが帽子を貸してくれました。これでみんなプールに入ることができます。
プールでは、カエルくんとタヌキくんが、イルカの形をした浮き輪で遊んでいました。すごく楽しそうだったので、クマくんが「貸してくれる」と聞いたら、「いいよ」と言って、よろこんで貸してくれました。クマくんたちがイルカの浮き輪で遊んでいると、カエルくんが「小学校に上がったら、泳げないといけないよね。今から泳ぐ練習をしようよ」と言って、カエルくんが先生になって、みんなで泳ぎの練習をすることにしました。一生懸命泳いだので、みんな少し疲れてしまいました。クマくんが「そうだ、ぼく、お菓子を持ってきているから、みんなで食べようよ」と言い、ひと休みすることにしました。

（問題22の絵を渡す）
①クマくんがプールに持って行ったお菓子はどれですか。○をつけてください。
②サルくんが持ってきた浮き輪に、○をつけてください。
③クマくんが持ってきたタオルの色は何色でしたか。同じ色のクーピーペンで○を塗ってください。
④イヌくんのビーチボールに描かれていた絵に、○をつけてください。
⑤みんなに泳ぎを教えてくれたのは誰でしたか。選んで○をつけてください。
⑥カエルくんの手（足）で、正しいものはどれでしょうか。四角の中から選んで○をつけてください。
⑦このお話に出てこなかった動物に、○をつけてください。
⑧このお話と同じ季節のものを選んで、○をつけてください。

〈時 間〉　各20秒

〈解 答〉　①右端（クッキー）　②左から２番目（水玉）　③○：緑
④左から２番目（カブトムシ）　⑤真ん中（カエル）　⑥右から２番目
⑦右から２番目（ネコ）　⑧左から２番目（夏）

［2019年度出題］

学習のポイント

Ａグループ女子への問題です。前問でも触れましたが、当校のお話の特徴は、お話の長さと設問数の多さにあります。まずは、お話の流れをつかむことを意識して練習をしてください。お話の流れをつかむ際のポイントは、お話しをいくつかの場面に大きく分け、それぞれの場面で、「どこで」「誰が」「何をした」の３点を押えることです。本問の場合、①草むしりをした後で、プールへ行く準備をした。②プールへ行く途中でお友だちに出会い、いっしょにプールへ行くことになった。③着替えをした後、帽子がないことに気が付いた。④カエルくんといっしょに、泳ぐ練習をした。となります。お話を聞いて、その情景を頭の中に思い描けるようになるために、まず、シンプルにあらすじを把握する練習をしてください。具体的には、お話を読み聞かせた後で、上記の点について簡単な質問をするだけで充分です。お子さまが情景を思い描きやすいように、質問の内容を工夫するとよいでしょう。また、お話を聞き取りやすいように、はじめのうちは、ゆっくりと抑揚をつけて読むこともおすすめです。お話の全体像がつかめるようになったら、細かい部分の聞き取りへと進んでください。

【おすすめ問題集】

★筑波大附属小学校　新お話の記憶攻略問題集★（書店では販売しておりません）
1話5分の読み聞かせお話集①・②、お話の記憶 初級編・中級編・上級編
Ｊｒ・ウォッチャー19「お話の記憶」、34「季節」

問題23　分野：お話の記憶

Bグループ男子　集中　聞く

〈準備〉　クーピーペン（８色）

〈問題〉　お話をよく聞いて、後の質問に答えてください。

サルくんが、ジャガイモ掘りに行って、食べきれないほどのジャガイモを持って帰ってきました。ウサギくんのお家にもジャガイモを４個分けてくれたので、今日はカレーを作ることにしました。カレーを作るためには材料が足りなかったので、お母さんといっしょに、ヒマワリスーパーにお買い物に行くことにしました。ジャガイモを分けてくれたサルくんも、いっしょに行くことになりました。
今にも雨が降りそうだったので、ウサギくんとお母さんは、傘を１本ずつ持って出かけました。スーパーに着くと、はじめに野菜売り場へ行き、ニンジン２本とタマネギ２個を買いました。お母さんは、ウサギくんが嫌いなキュウリも１本買いました。次に、肉売り場でお肉を選んでいると、「カレーにはこの肉がいいよ」と、イヌさんがすすめてくれたので、そのお肉を買うことにしました。そうしてお買い物をしていると、いつの間にかウサギくんの姿が見えなくなっていました。お母さんはあっちこっち探し回って、ウサギくんがネコさんとクマさんといっしょに、お菓子売り場にいるのを見つけました。ウサギくんは、「お菓子を買って」とおねだりをしましたが、「お菓子はカレーに入れないから買いません」と怒られてしまいました。ウサギくんがしょんぼりとしていると、「カレーを作るお手伝いをしてくれたら、お菓子を１つ買ってもいいわよ」とお母さんが言ってくれました。ウサギくんは何を買おうか迷いましたが、丸いチョコレートにしました。いっしょにいたネコさんは三角のチョコレートを、クマさんは袋に入ったアメを買っていました。お買い物を終えて、スーパーを出ようとすると、ポツポツと雨が降ってきました。サルくんは傘を持ってきていなかったので、ウサギくんといっしょに１つの傘に入って帰ることにしました。ウサギくんはかぶっていた赤い野球帽を脱いで、買ってもらったチョコレートが濡れないように大事に持っていきます。
お家に着くと、ウサギくんはお母さんに言われた通り、お手伝いをすることにしました。サルくんにもらったジャガイモを洗うのが、ウサギくんの役目です。ウサギくんが手伝ったおかげで、カレーはすぐにできあがりました。お家の時計の鐘が５回なった時、お母さんが思い出したように、「あらら、ご飯を炊くのを忘れたわ」と言いました。お腹が空いていたウサギくんとサルくんに、何度も「ごめんね」と謝りながら、急いでご飯を炊きはじめました。ウサギくんとサルくんは、ご飯が炊けるまで、スーパーで買ったチョコレートを食べて待っていました。

（問題23の絵を渡す）
①ジャガイモをくれたのは誰ですか。選んで○をつけてください。
②ウサギくんはジャガイモをいくつもらいましたか。その数だけ○を書いてください。
③スーパーでは、どの野菜をいくつ買いましたか。正しいものに○をつけてください。
④クマさんが買ったものはどれですか。選んで○をつけてください。
⑤スーパーを出た時、どんな天気でしたか。選んで○をつけてください。
⑥ウサギくんがかぶっていた帽子は何色でしたか。その色のクーピーペンで、○を塗りつぶしてください。
⑦カレーができた時、お家の時計の鐘は何回鳴ったでしょうか。その数だけ○を書いてください。
⑧お母さんが忘れてしまったのはどれでしたか。選んで○をつけてください。

〈時間〉　各20秒

〈解答〉　①左から２番目（サル）　②○：４　③右端　④左から２番目
⑤左から２番目（雨）　⑥赤色　⑦○：５　⑧左端（ご飯）

［2019年度出題］

学習のポイント

Ｂグループ男子の問題です。当校の問題では、お話の細かい描写からの質問が多く、細かな描写も記憶できるだけの記憶力・お話を聞くときの集中力の高さが求められています。本問では具体的に、ウサギくんがもらったジャガイモの数（数量）や、ウサギくんがかぶっていた帽子（服装・もちもの）、スーパーを出た時の天気（情景）をたずねる質問が出題されました。前問でも説明したように、お話を大まかに把握する聞き取りができるようになったら、次は細かい部分の描写へも気を配ります。登場人物の服装や持ちものなど、質問で扱われやすい情報に気付いたら、大まかなお話と合わせて覚えるようにしてください。初めのうちは、場面が変わるところで１度お話を止めて、その場面に関する描写からの質問を保護者の方がしてください。この時、いつも同じような質問をすることで、「（お話の後で）聞かれそうなこと」がわかるようになります。

【おすすめ問題集】

★筑波大附属小学校　新お話の記憶攻略問題集★（書店では販売しておりません）
１話５分の読み聞かせお話集①・②、お話の記憶 初級編・中級編・上級編
Ｊｒ・ウォッチャー19「お話の記憶」、27「理科」、55「理科②」

問題24　分野：お話の記憶

Bグループ女子　集中　聞く

〈準備〉　クーピーペン（８色）

〈問題〉　お話をよく聞いて、後の質問に答えてください。

明日はクマくんのお父さんの誕生日です。クマくんは、お父さんに渡すお祝いのお花を買いに行くように、お母さんに頼まれました。「お父さんが好きなチューリップを１本と、ヒマワリを２本買ってきてほしいの。買ったお花はこの袋に入れてもらってね」といって、縞模様の手提げ袋を渡してくれました。「チューリップ１本と、ヒマワリ２本だね。それじゃあ、行ってきます」と元気な声で言い、お気に入りの星の模様がついた帽子をかぶって、クマくんは家を出ました。外に出ると、セミが鳴いているのが聞こえます。「ふう、暑いなあ。帽子を被ってきてよかった」と言いながら、歩きはじめました。花屋さんがある隣町までは、赤いバスに乗って行きます。クマくんがバス停に着くと、そこにはイヌくんがいました。「こんにちはイヌくん。今日はどこへ行くの」とあいさつをすると、「こんにちはクマくん。隣町の病院まで、サルさんのお見舞いに行くんだ」とイヌくんは答えました。しばらくして、青いバスがやってきました。でも、これはクマくんたちが乗るバスではありません。そのままバスを待っていると、今度は２人が乗る赤いバスがやってきました。バスに乗るとイスが１つ空いていました。「どっちが座るかジャンケンで決めよう」と言って、２人はジャンケンをしました。クマくんはチョキ、イヌくんはグーを出したので、「やった、僕の勝ちだね」と言って、イヌくんはうれしそうに席に座りました。すると、「くんたち、バスの中では大きな声をだしてはいけないよ」と、カバのおじさんに注意されました。「ごめんなさい。気を付けます」と謝り、２人は静かにしていました。さくら病院のバス停でイヌくんが降りたので、クマくんは空いた席に座ろうとしました。するとそこに、ネコのおばあさんが乗ってきました。クマくんは、「おばあさん、席が空いていますよ」と声をかけて、席を譲りました。おばあさんは、「ありがとうね」とお礼をいって座りました。次は、クマくんが降りるバス停です。クマくんは、買うお花を思い出すように、「チューリップ１本、ヒマワリ２本」と小さな声で、何度もつぶやいていました。でも、途中で「チューリップ２本、ヒマワリ１本」と間違えてしまったので、買うお花の数も逆になってしまいました。お花屋でチューリップとヒマワリを買ったクマくんは、もう１度バスに乗って家へ帰りました。さて、クマくんがお花を渡したら、お母さんはどんな顔をするでしょうか。

（問題24の絵を渡す）

①クマくんが家を出る時に、お母さんが持たせてくれたものに、○をつけてください。
②クマくんがかぶっていた帽子には、どんな模様がついていましたか。正しいものに○をつけてください。
③クマくんが待っていたバス停に、最初に来たバスは何色でしたか。その色のクーピーペンで、○を塗りつぶしてください。
④バスの空いていた席に、はじめに座ったのは誰ですか。選んで○をつけてください。
⑤イヌくんは、誰のお見舞いに行きましたか。選んで○をつけてください。
⑥クマくんがおばあさんに席を譲った時、おばあさんはどんな顔だったと思いますか。その顔に○をつけてください。
⑦クマくんが買ったチューリップとヒマワリは、それぞれ何本ですか。正しいものに○をつけてください。
⑧お話の季節と同じものに、○をつけてください。

〈時間〉　各20秒

〈解答〉　①右から２番目（縞模様）　②左から２番目（星印）　③○：青色
④左端（イヌ）　⑤右端（サル）　⑥左から２番目　⑦左から２番目
⑧左から２番目（スイカ）

［2019年度出題］

学習のポイント

Ｂグループ女子の問題です。前問で説明した細かい部分からの質問の１つに、「季節」を問うものがあります。当校のお話の記憶の問題では、ここ数年必ずと言っていいほど出題されています。季節をあらわす描写は、お話の中でさりげなく伝えらえるため、気が付きにくいものが多くあります。例えば本問の場合、前半の「セミが鳴いているのが聞こえます」という部分や、「暑いなあ」というセリフから、「夏」であることを判断しなくてはいけません。保護者の方にはピンとくる表現かもしれませんが、お子さまにとってはそうではありません。お子さまがこういった表現を聞き逃してしまうようなら、さりげなく注意をうながしてもよいでしょう。また、小学校入試で扱われる季節を表す表現は、それほど多くはありませんから、季節を代表するような植物、野菜、果物、行事などを覚えておきましょう。

【おすすめ問題集】

★筑波大附属小学校　新お話の記憶攻略問題集★（書店では販売しておりません）
１話５分の読み聞かせお話集①・②、お話の記憶 初級編・中級編・上級編
Ｊｒ・ウォッチャー19「お話の記憶」、34「季節」

問題25　分野：お話の記憶

Cグループ男子　集中　聞く

〈準備〉　クーピーペン（8色）

〈問題〉　お話をよく聞いて、後の質問に答えてください。

今日はウサギさんの家で、お誕生会が開かれます。クマくんは縞模様のシャツを着て、大きな麦藁帽子をかぶって、家の前に立っています。そこへ、キツネくんとリスさんが迎えに来ました。キツネくんは青いリュックサックを背負い、リスさんは赤いカバンを持っています。「キツネくん、リスさんおはよう」とあいさつをして、ウサギさんの家へ出発しました。しばらく歩いていると、急に雨が降ってきました。「どうしよう。傘を持っていないや」と言って、クマくんたちは、大きな木の下で雨宿りをすることにしました。雨が止むのを待っていると、リスさんが「ウサギさんへのプレゼントは、何にしたの」と聞いてきました。クマくんは、折り紙で作ったバラの花束をリスさんに見せました。リスさんは、「なんか折り目が汚いね。もっときれいに折ったらいいのに」と笑いました。本当にもっときれいに折った方が良かったと思ったクマくんは、しょんぼりしてしまいました。そうしているうちに、雨が止んだので、ウサギさんの家へ向かって、歩き出しました。
ウサギさんの家に着くと、「おはよう。来てくれてありがとう」とウサギさんが出迎えてくれました。ウサギさんのお家では、お誕生会の準備ができていて、部屋の真ん中に大きなケーキがありました。ケーキにはロウソクが3本と、イチゴが4個載っていました。お誕生会が始まりました。みんなでお祝いの歌をうたい、ケーキを食べた後、プレゼントを渡すことになりました。キツネさんは手作りのクッキーを渡しました。リスさんはリボンのついたハンカチです。プレゼントをもらったウサギさんは、とてもうれしそうです。そして、クマくんがプレゼントを渡す番になりました。「どうしよう。ウサギさんよろこんでくれるかな」クマくんは不安な顔をして、おそるおそるプレゼントを渡しました。「わあ、きれいな花束。ありがとう。私にも折り方を教えてよ」ウサギさんがとても大きな声で言いました。キツネくんも「僕にも教えて」と言いました。リスさんは「さっきはごめんね。私にも教えてくれない」と小さな声で言いました。「うん、いいよ。みんなで折ろうよ」とクマくんは笑顔で答えて、みんなといっしょに折り紙をはじめました。外はすっかり晴れて、セミが鳴いています。今日はとても暑い日になりそうです。

（問題25の絵を渡して）
①クマくんは今日、どんな格好をしていましたか。正しいものに○をつけてください。
②リスさんが持っていたカバンは、どんな色でしたか。その色のクーピーペンで○を塗りつぶしてください。
③クマくんが家を出た後、どんな天気になりましたか。選んで○をつけてください。
④クマくんは、プレゼントを渡す前、どんな顔をしていましたか。選んで○をつけてください。
⑤ウサギさんにハンカチを渡したのは誰ですか。選んで○をつけてください。
⑥ケーキにはロウソクが何本立てられましたか。その数だけ○を書いてください。
⑦このお話と同じ季節のものを選んで、○をつけてください。
⑧クマがお話の中に出てくるものはどれですか。選んで○をつけてください。

〈時間〉　各20秒

〈解答〉　①右端　②赤色　③左から2番目（雨）　④左端　⑤左から2番目（リス）
⑥○：3　⑦左から2番目（アサガオ）　⑧右端（金太郎）

［2019年度出題］

学習のポイント

Ｃグループ男子の問題です。②のリスのカバンの色についての問題のように、当校の問題では、12色のクーピーペンを使って、色で答える問題も例年出題されています。服や持ちものの色などを答える場合が多いので、細かい描写を聞き取る際には色にも注意しておくとよいでしょう。この問題に限ったことではありませんが、お話の記憶の問題では、お話をしっかり聞き取るだけでなく、質問を最後まで聞くことも同じくらいに大切です。特に時間制限があると、お子さまはどうしても気持ちが急いてしまい、最後まで聞かずに取り組もうとしがちです。問題練習を繰り返す過程で、落ち着いて取り組んでも、急いで取り組んでも、かかる時間はそれほど変わらないことに気が付けると、試験の場でも質問を最後まで聞くことができるようになります。

【おすすめ問題集】

★筑波大附属小学校　新お話の記憶攻略問題集★（書店では販売しておりません）
1話5分の読み聞かせお話集①・②、お話の記憶 初級編・中級編・上級編、
Ｊｒ・ウォッチャー19「お話の記憶」、34「季節」

問題26　分野：お話の記憶

Cグループ女子　集中　聞く

〈準備〉　クーピーペン（８色）

〈問題〉　お話をよく聞いて、後の質問に答えてください。

今日はお正月。新しい１年が始まる日です。いつもより少し早く起きたウサギさんは、緑色のパジャマを着たまま「あけましておめでとう」と、お父さんにあいさつをしました。「おめでとう。はやく着替えておいで。みんなでお餅を食べよう」とお父さんが言ったので、服を着替えてから、テーブルに着きました。「おかあさん。あけましておめでとう」と元気よくあいさつすると、おかあさんは「おめでとう。お餅はいくつ食べるの」と言いました。お母さんが焼いてくれたお餅を、ウサギさんは３つ、お父さんは５つ食べました。
それから、ウサギさんとお父さんは、神社にお参りに出かけました。神社の近くには、タコヤキやわたあめ、ヤキソバのお店が並んでいます。お店からお友だちのサルくんが、おいしそうなヤキソバを持って出てきました。「あけましておめでとう。サルくんもお参りに来たの」とウサギさんが言うと、サルくんは「おめでとう。そうなんだけど、おなかが空いちゃったんだ。ヤキソバを食べてからお参りにいくよ」と言って、ベンチの方へ歩いて行きました。
「お父さん、わたあめが食べたいよ」とウサギさんが言うと、お父さんは「今日はお参りに来たんだよ。だから、お参りが終わってからにしようね」と答えました。お参りを終えたウサギさんは、お父さんにわたあめとタコヤキを買ってもらい、家に帰りました。お母さんといっしょにタコヤキを食べた後、ウサギさんとお父さんは、凧揚げをしに公園へ行きました。
公園に着くと、さっそく凧揚げをしました。ニンジンの絵が描かれたウサギさんの凧は、勢いよく空へと上がっていきます。「わあ、凧がどんどん上へあがっていくよ。あっ飛行機も飛んでいるよ。ぶつからないよね」と、ウサギさんはとても楽しそうです。そこへ、キツネくんとタヌキくんがやって来ました。キツネくんはカッコいいマフラーを、タヌキくんはあったかそうな手袋をしていました。「ウサギさん、あけましておめでとう。いっしょに遊ぼうよ」と２人が言うと、お父さんは「そうだ、凧揚げをみんなでいっしょにやろうよ。キツネくんとタヌキくんの分の凧を持ってきてあげるよ」と言って、急いで家に戻っていきました。お父さんが戻ってくるまでの間、ウサギさんとキツネくんとタヌキくんは、遊んで待つことにしました。公園には、ブランコとジャングルジムと砂場がありました。ウサギさんたちは砂場で遊ぶことにしました。ウサギさんが大きな山を４つ作り、そこにキツネさんがトンネルを掘り、タヌキくんが道路を描きました。そうしていると、お父さんが凧を２つ持って戻ってきました。トリの絵が描かれた凧をキツネさんに、花火の絵が描かれた凧をタヌキくんに渡して、みんなでいっしょに凧揚げをしました。

（問題26の絵を渡す）
①ウサギさんが来ていたパジャマは何色でしたか。その色のクーピーペンで○を塗りつぶしてください。
②ウサギさんは、お餅をいくつ食べましたか。その数だけ○を書いてください。
③神社に行く途中で、誰に会いましたか。選んで○を書いてください。
④神社で、ウサギさんは何を買ってもらいましたか。選んで○をつけてください。
⑤凧揚げをしている時、空には何が見えましたか。選んで○をつけてください。
⑥お父さんがいない間、ウサギさんたちは公園で何をして遊びましたか。選んで○をつけてください。
⑦ウサギさんは、砂場で山をいくつ作りましたか。○を書いてください。
⑧タヌキくんが揚げた凧に、○をつけてください。

〈時間〉　各20秒

〈解答〉　①緑色　②○：３　③左から２番目（サル）
④左から２番目（わたあめ）、右から２番目（タコヤキ）　⑤右端（飛行機）
⑥左端（砂場）　⑦○：４　⑧右から２番目（花火）

［2019年度出題］

学習のポイント

基本的な聞き取り、細かい表現への聞き取り、季節や色への対応などが１通りできるようになったら、総合的な練習に取り組みます。お話を途中で区切ったりせずに問題に取り組むことは、難しいことかもしれませんが、試験に向けて、少しずつ取り組んでみましょう。その際に大切なことは、言うまでもなくお話を聞き取る力です。お話を上手く覚えられなかったり、質問に答えられなかったりする時は、もう１度聞き取りに力を入れてみてください。ていねいな聞き取りができなくて、頭の中で場面を想像できなかったのかもしれません。試験が近づいてきたら、お話の読み上げを入試と同じ程度の速さにしていきます。また、抑揚を押さえて読んだり、少し早口で読んだりするなど、アドリブを入れてもよいでしょう。お子さまの適応力が上がってきます。なお、当校では、録音された音声を再生する形で出題されます。「慣れる」という意味でなら、この形でお話を聞かせるのもよいかもしれません。

【おすすめ問題集】

★筑波大附属小学校　新お話の記憶攻略問題集★（書店では販売しておりません）
１話５分の読み聞かせお話集①・②、お話の記憶 初級編・中級編・上級編、
Ｊｒ・ウォッチャー19「お話の記憶」

問題27　分野：図形（重ね図形）

Aグループ男子　観察　考え

〈準 備〉　クーピーペン（青）

〈問 題〉　１番上の段の絵を見てください。左側にある２つの形重ねて、矢印の右側の四角に書きます。同じ位置のマスに「○」がある時は、右側の四角には「○」を書きません。では、ほかの絵も同じように左側の形を重ねた形を、右側に書いてください。１枚目の問題が終わったら、２枚目も同じように続けてください。

〈時 間〉　３分

〈解 答〉　下図参照

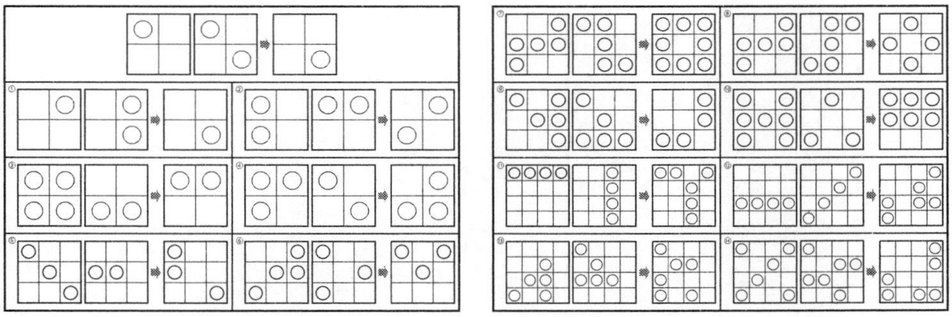

［2019年度出題］

学習のポイント

本年度の図形分野の問題は、Ａ・Ｂ・Ｃグループともに、例年出題されている対称図形や重ね図形などの要素を組み合わせた複合問題となっています。問題数が多い点には変わらずに、指示が複雑になったため、問題の難度が上ったと言えます。つまり、これまでの「短い時間内で答える」力に加えて、「指示を理解する」力が合否を左右する問題となりました。男子Ａグループは、重ね図形の問題です。通常の重ね図形の問題と異なり、２つの形の両方に「○」がある場合は、「○」を書いてはいけません。例えば本問①の場合、左の２つの形を見比べると、左上と左下のマスは２つとも「○」が書かれていないので、空欄のままです。次が重要な点ですが、右上のマスは２つともに「○」が書かれているので、「○」を書かずに空欄のままにします。そして右下は、片方だけに「○」が書かれているので「○」を書きます。問題のはじめにある説明をしっかり聞いて、ルールを理解することができれば、「○」が重なるマスに注意して作業を進めるだけです。複雑な指示を聞いて、その通りに答えられれば正解できるという点では、例年の問題とは観点が大きく違うと言えるかもしれません。なお、当校の問題のように問題数が多い場合には、指示通りの作業ができているかどうかを、「○」を１つ書くたびに確認しながら進め、解き終えた時点で見直さなくてよい状態にすることが、時間短縮につながります。何度も問題練習を繰り返す過程で、効率の良い確認の方法を身に付けられることが望ましいです。

【おすすめ問題集】

★筑波大附属小学校図形攻略問題集①②★（書店では販売しておりません）
Ｊｒ・ウォッチャー35「重ね図形」

問題28　分野：図形（重ね図形）　Aグループ女子　観察　考え

〈準備〉　クーピーペン（青）

〈問題〉　**この問題の絵は縦に使用してください。**
1番上の段の絵を見てください。左側にある黒い四角で囲まれた形と、点線で囲まれた形を、矢印の右側のように重ねます。この時、黒い四角で囲まれているところにだけ「○」を書きます。黒い四角の外にある「○」は書きません。では、ほかの絵も同じように左側の形を重ねた形を、右側に書いてください。1枚目の問題が終わったら、2枚目も同じように続けてください。

〈時間〉　3分

〈解答〉　下図参照

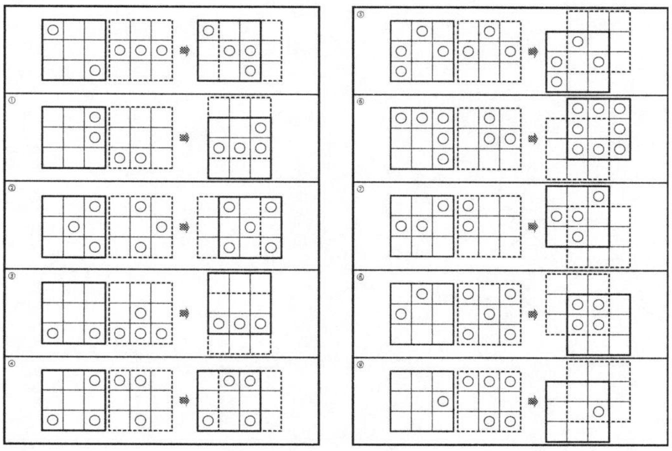

［2019年度出題］

学習のポイント

Aグループでは、女子も男子と同様に、重ね図形の問題でした。本問では、2枚の絵を1マスずらして重ねるところが、例年の問題よりも難しいでしょう。複雑な指示を理解すること、短時間で多くの問題を解くことが求められていることは男子と同じですので、対策についても同様に、指示理解、効率のよい見直しを意識して進めるとよいでしょう。
気を付けなければいけない点は、点線で囲まれた形を書き写す時の「○」の位置を間違えないことです。そのためには、問題の説明を聞き、①の問題に取り組んだあたりで、失敗を減らせる解き方に気が付けることが望ましいです。たとえば本問の場合、太い線で囲まれた左側の形を先に書き写します。次に点線で囲まれた形を書き写すのですが、その時にはマスの左上から順に、「太線の中に入るかどうか」を確認しながら書き写します。このようにすると、位置を間違えることも、太線の外側に「○」を書く失敗も減るでしょう。

【おすすめ問題集】
★筑波大附属小学校図形攻略問題集①②★（書店では販売しておりません）
Jr・ウォッチャー35「重ね図形」

問題29　分野：図形（対称図形）

Bグループ男子　観察　考え

〈準備〉　クーピーペン（赤）

〈問題〉　１番上の段の絵を見てください。左側に描かれた形を、真ん中の形のように太い線で折り重ねた位置に動かします。次に、右側の形のように２重線で折り重ねた位置に動かします。このように、左側の形を２回折り重ねると、どのようになりますか。右側のマスに「○」を書いてください。１枚目の問題が終わったら、２枚目も同じように続けてください。

〈時間〉　３分

〈解答例〉　下図参照

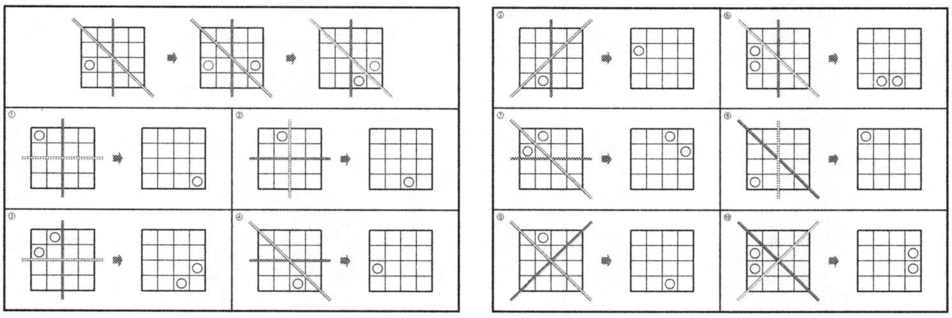

［2019年度出題］

学習のポイント

Bグループ男子では、対称図形の問題が出題されました。太線を軸にして対称移動させた後に、２重線を軸にもう１度対称移動をさせるという、複雑な問題になっています。軸の傾きに合わせて、縦、横、斜めの移動をイメージして、対称移動させた後の「○」の位置を、１手ずつ把握しながら進めることとが、本問のポイントです。例題では、「○」ははじめ左端の列の上から３段目（左１、上３）にあります。これを１本目の太い線で対称移動させると、真ん中の形のように（左４、上３）に移ります。さらに２本目の２重線で対称移動させると、右の形のように（左３、上４）に移ります。この例題では、途中の形も図示されているので理解しやすいと思います。同じように、それぞれの問題でも１回目の位置を思い浮かべながら進めるようにしてください。また、③のように「○」が２つある問題が上手く進められない場合は、１度に２つとも動かそうとせず、１つずつ移動させるとよいでしょう。多少時間がかかるように思えますが、シンプルな作業をくり返した方が早い場合もあります。お子さまの現在の力量にあった方法で練習を進めてください。

【おすすめ問題集】

★筑波大附属小学校図形攻略問題集①②★（書店では販売しておりません）

Ｊｒ・ウォッチャー８「対称」

問題30　分野：図形（対称図形）

Bグループ女子　観察　考え

〈準 備〉　クーピーペン（青）

〈問 題〉　１番上の段の絵を見てください。左側に描かれた形を、真ん中の形のように太い線で折り重ねた位置に動かします。次に、右側の形のように２重線で折り重ねた位置に動かします。このように、左側の形を２回折り重ねると、どのようになりますか。右側のマスに書いてください。１枚目の問題が終わったら、２枚目も同じように続けてください。

〈時 間〉　３分

〈解答例〉　下図参照

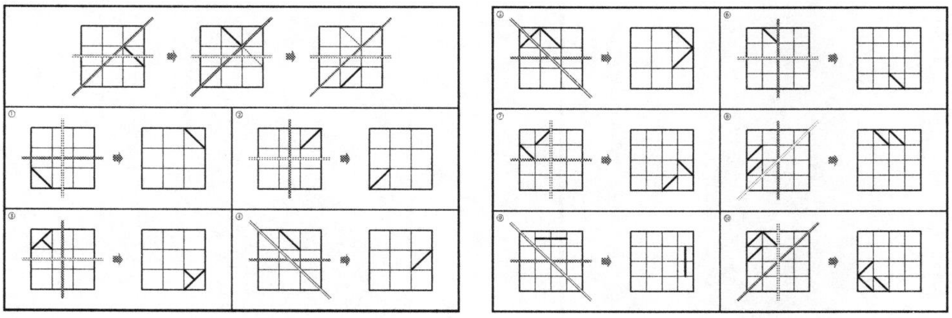

［2019年度出題］

学習のポイント

Ｂグループ女子の問題です。男子と同様に対称移動の問題ですが、移動させる形が線のため、位置だけでなく向きも考えなければいけないところが難しい問題です。この問題も男子と同様に、指示の理解と、途中の形をイメージする図形認識の力が求められています。本問では、対称移動させた時のマスの位置と、線の傾きの両方を確認しながら進めます。例題では、はじめに太い線を軸に斜めに移動させます。その時線は左から３番目の上から２番目（左３、上２）から、左から２番目の１番上（左２、上１）に移動します。その時、線の傾きは変わりません。次に、２重線で縦に対称移動させると、（左２、上１）から（左２、上３）に移動します。この時線の傾きは逆になっています。③のように１つのマスに２本の線が引かれている場合には、１つの形としてまとめて移動させてもよいし、２本の線をそれぞれ移動させてもよいでしょう。お子さまが混乱なく進められる方法を選んで取り組ませてください。

【おすすめ問題集】

★筑波大附属小学校図形攻略問題集①②★（書店では販売しておりません）
Ｊｒ・ウォッチャー８「対称」

問題31 分野：図形（重ね図形）

Cグループ男子　観察　考え

〈準備〉 クーピーペン（赤）

〈問題〉 1番上の絵を見てください。左側の2枚の絵は透明なシートに書かれています。これらの絵を重ねると、どのように見えますか。右側の絵から選んで○をつけてください。では、ほかの絵も同じように左側の2枚の絵を重ねた時の形を、右側から選んでください。1枚目の問題が終わったら、2枚目も同じように続けてください。

〈時間〉 3分

〈解答〉 ①右端　②左から2番目　③右から2番目　④左から2番目
⑤左端　⑥右端　⑦左から2番目　⑧右から2番目

［2019年度出題］

学習のポイント

Cグループ男子の問題です。本問では、透明なシートに描かれた2枚の絵を重ねるスタンダードな問題です。そうは言っても、紛らわしい形が多いので、細部まで目を配って観察することを心がけてください。本問の基本的な解き方は、左側の2枚の絵を重ねた時の形を思い浮かべて、その形と同じものを右側の選択肢から見つけ、ほかの選択肢が間違っていることを確認するという流れです。その際に、それぞれの図形の特徴的な部分に注目すると、判断がしやすくなります。まずは、基本的な解き方を通して、図形の観察の仕方や、問題の考え方、答えの選び方などを身に付けてください。また、この問題には、左側の絵と同じ形があるものを見付けた後に、その中から右側の形と同じもの選ぶ解き方もあります。このような解き方は、図形の基本的な見方、考え方が身に付いたお子さまにとっては効果的な方法と言えます。基本的な解き方ができるようになった後で、必要に応じて指導するようにしてください。

【おすすめ問題集】

★筑波大附属小学校図形攻略問題集①②★（書店では販売しておりません）
Ｊｒ・ウォッチャー35「重ね図形」

問題32 分野：図形（重ね図形）

Cグループ女子　観察　考え

〈準備〉 クーピーペン（青）

〈問題〉 1番上の絵を見てください。左側の絵は透明なシートに書かれています。この絵を、真ん中の点線で左から右に折った時、どのように見えますか。右側の絵から選んで○をつけてください。では、ほかの絵も同じように左から右へ折った時の形を、右側から選んでください。1枚目の問題が終わったら、2枚目も同じように続けてください。

〈時間〉 3分

〈解答〉 ①右端　②左端　③右端　④左から2番目　⑤右端　⑥右から2番目
⑦左端　⑧左から2番目

［2019年度出題］

学習のポイント

Ｃグループ女子も、重ね図形が出題されました。２枚の絵のうち、左側の絵を左右反転させて重ねる点が、男子の問題とは異なっています。基本的な解き方は、男子の問題と同じですが、反転させる絵を取り違えないように、指示をしっかりと聞くことは徹底させてください。⑤～⑧のように細かく分割された形の場合は、左上から順に、それぞれの部分にあてはまる２枚を重ねた時の形を考えるとわかりやすくなります。当校の図形の問題は、例年問題数が多いため、時間内にすべての問題を解けなかったお子さまが多いようです。しかし、問題を解く際に「スピードを意識させる」などの急がせる指示をだすと、すべての問題に答えることが優先させてしまいがちです。正確さを維持した上で、時間内に解き終えるスピードをつけるためには、「全問正解するまでの時間を測る練習」がおすすめです。これは、全問正解した時だけ、素早く解けたことを評価して、速さは正確さを前提にしたものであることを理解させる練習です。初めは10問程度、慣れてきたら連続して取り組む問題数を増やしていくとよいでしょう。練習の過程で、「手を速く動かすのではなく、１度で判断する」ことに気が付くことが、そのねらいです。

【おすすめ問題集】

★筑波大附属小学校図形攻略問題集①②★（書店では販売しておりません）
Ｊｒ・ウォッチャー35「重ね図形」

問題33　分野：制作

Aグループ男子　聞く　創造

〈準備〉　紙コップ（１個）、粘土、竹串（２本）、折り紙（１枚）、ひも（赤、１本）、クーピーペン（８色）、〇シール（白、２枚）、スティックのり
あらかじめ、問題33－１の絵を参考にして、紙コップに穴を開けておく。問題33－２の右側の紙を、四角い線に沿って切り抜いておく。

〈問題〉　**この問題は絵を参考にしてください。**
（あらかじめ準備したものと問題33－２の絵をお子さまに渡す）
これから「応援する人形」を作ってもらいます。最初に見本を見せるので、同じようにやってください。
（問題33－１の絵を参考にしてお子さまにお手本を見せる）

①四角い紙の〇の中に目、鼻、口を描き、枠線にそってちぎってください。
②粘土で玉を作り、竹串に刺してください。
③折り紙を、白い方が表になるように２枚折ります。折り紙を開いて、その真ん中に竹串を置き、シールで止めます。もう１度折り紙を折ってから、端をシールで止めます。折り紙の真ん中に、赤のクーピーペンで日の丸を描いてください。
④顔を描いた紙を紙コップに貼ります。２本の竹串は、紙コップの穴に刺してください。できたら、顔の絵の下のあたりにひもを巻き、正面で蝶結びにしてください。これで完成です。

〈時間〉　５分

〈解答〉　省略

［2019年度出題］

学習のポイント

試験では教室の最前列にモニターが置かれ、試験中はそこに制作のお手本が映し出されるという形で行われました。作業中にお手本を見直すことはできますが、作業時間を考えると、映像を何度も見直す余裕はありません。１回の説明で手順を覚えることを意識して、練習を重ねてください。この制作で行う作業は、「紙をちぎる・折る・貼る」「紐を蝶結びにする」「色を塗る」などです。それぞれの作業には細かいものも含まれますが、例年と変わりません。初めは簡単な形や大きめの形を扱う練習からはじめ、次第に複雑な形や小さな形へと進めていきます。これらの作業は、多少複雑な形であっても１人で対処できるように、早めに練習を始めておいてください。

【おすすめ問題集】

★筑波大附属小学校工作攻略問題集★（書店では販売しておりません）
実践 ゆびさきトレーニング①②③
Ｊｒ・ウォッチャー23「切る・貼る・塗る」

問題34　分野：制作

Ａグループ女子　聞く　創造

〈準備〉　折り紙（１枚）、ビニール袋（１枚）、ラベルシール（４枚）、クーピーペン（８色）、ひも（赤）
あらかじめ、問題34-２の右側の紙を、四角い線に沿って切り抜いておく。

〈問題〉　**この問題は絵を参考にしてください。**
（あらかじめ準備したものと問題34-２の絵をお子さまに渡す）
これから「花の巾着袋」を作ってもらいます。最初に見本を見せるので、同じようにやってください。
（問題34-１の絵を参考にしてお子さまにお手本を見せる）

①四角い紙の○の中に、オレンジ色のクーピーペンで花の絵を描き、枠線にそってちぎってください。
②折り紙を４つに折ってください。
③ビニール袋の上の部分を外側に折返し、４ヶ所をシールで止めてください。
④ビニール袋の折ったところに、赤いひもを通して、片結びにしてください。
⑤ビニール袋の中に、今作った花と折り紙を入れてください。これで完成です。

〈時間〉　５分

〈解答〉　省略

［2019年度出題］

学習のポイント

Ａグループ女子の課題では、ほかのグループとは多少違い、ビニール袋を使った制作しました。できあがりの形は大きく異なりますが、作業の種類や工程はほぼ同じでしょう。前問でも説明したように、お手本の映像は１度でしっかりと覚えるようにしましょう。指示される作業工程は、どのグループの制作でも３～４つです。指示を覚える時には、全体の大まかな工程を確実に覚えた上で、次に細かい部分まで覚えるという形がよいでしょう。例えば本問の場合、「はじめに花の絵を描いてちぎる」「次に折り紙を折る」「その次にビニール袋を折り返す」「最後にヒモを結ぶ」の順番を覚えてさえいれば、細かいところは作業中に思い出すこともできるし、映像をもう１度見る時間も短くできるでしょう。初めから細かく覚えようとして、作業の順番がわからなくならないように気を付けてください。

【おすすめ問題集】

★筑波大附属小学校工作攻略問題集★（書店では販売しておりません）
実践 ゆびさきトレーニング①②③
Ｊｒ・ウォッチャー23「切る・貼る・塗る」

問題35　分野：制作

Ｂグループ男子　聞く　創造

〈準 備〉　ひも（赤）、紙皿（２枚）、折り紙（１枚）、のり、クーピーペン（８色）、あらかじめ、問題35－１の絵を参考に、紙皿に穴を開けておく。問題35－２の右側の紙を、四角い線に沿って切り抜いておく。

〈問 題〉　**この問題は絵を参考にしてください。**
これから「ＵＦＯ」を作ります。

①四角い紙の○の中の星を、黄色のクーピーペンで塗り、枠線にそってちぎってください。
②折り紙を４つに折ってから、上の１枚をもう１回半分に折ってください。
③紙皿の裏面に赤い線を引いてから、ちぎった星の形を貼ってください。
④もう１枚の紙皿の裏面に、折り紙の羽を貼ってください。
⑤２枚の紙皿を重ねて、下から赤いひもを通します。紙皿の上で蝶結びにしてください。これで完成です。

〈時 間〉　適宜

〈解 答〉　省略

［2019年度出題］

学習のポイント

Ｂグループ男子への課題です。１つひとつの作業をていねいに行い、きれいな仕上がりになるように心がけましょう。本問では、星のマークに色を塗る指示があります。色を塗るためには、まず線をふち取るようになぞります。次にクーピーペンをできるだけ斜めに傾けて塗っていきます。ペンの向きを変えてもう１度塗ると、きれいに色が塗れます。紙の方を回転させながら塗るのも、きれいに塗るためのコツの１つです。貼る時には、紙がシワにならないように、のりを薄めに塗るとよいでしょう。これは手を汚さないという点でもおすすめです。また、ヒモを蝶結びにする時は、ヒモを強く引きすぎて紙を曲げてしまわないように、力の加減も大切です。とじひもと紙を用意して、何度も蝶結びの練習を繰り返してください。また、片結びを使ったグループもありますので、こちらも練習に加えるとよいでしょう。

【おすすめ問題集】

★筑波大附属小学校工作攻略問題集★（書店では販売しておりません）
実践 ゆびさきトレーニング①②③
Ｊｒ・ウォッチャー23「切る・貼る・塗る」

問題36　分野：制作

Ｂグループ女子　聞く　創造

〈準備〉　ひも（赤）、丸シール（黄色）、のり、クーピーペン（12色）、あらかじめ問題36-２を、四角い線に沿って切り抜いておく。

〈問題〉　この問題は絵を参考にしてください。
これから「お弁当の絵本」を作ります。

①２枚の画用紙を半分に折り、それぞれをのりで貼りあわせてください。
②タマゴを作ります。四角い紙を線に沿ってちぎり、その真ん中に黄色いシールを貼ってください。
③お弁当箱の下の段にある○を、赤のクーピーペンで塗ってください。塗ったら、お弁当箱の上の段にタマゴを貼り、男の子の顔と髪を描いてください。
④１枚目の紙の穴にひもを通し、蝶結びをしてください。これで完成です。

〈時間〉　適宜

〈解答〉　省略

［2019年度出題］

学習のポイント

Bグループ女子への問題です。タマゴの形が上手くちぎれると、作品の出来栄えがよくなります。紙を指でちぎる作業は大人でも難しいものです。まず、線の周り1センチ程度残す感じで大きくちぎります。次に1度親指のツメで線を強くなぞり、爪あとを使って紙を折ります。その折り目を利用して、ていねいにちぎっていくと、ある程度きれいにちぎることができます。また、折り紙で頭巾を折る時には、紙の端と端をピッタリ合わせて折った後で、折り目の上をもう1回なぞるようにすると、2回目がきれいに折れます。これらの作業は、紙の厚さによって感覚が違ってくるものです。さまざまな厚さの紙を用意して、練習に取り組んでみるのもよいかもしれません。

【おすすめ問題集】

★筑波大附属小学校工作攻略問題集★（書店では販売しておりません）
実践 ゆびさきトレーニング①②③
Ｊｒ・ウォッチャー23「切る・貼る・塗る」

問題37　分野：制作

Cグループ男子　聞く　創造

〈準 備〉　クーピーペン（12色）、折り紙（赤、1枚）、丸シール（白・黒各1枚）、スティックのり、ひも（赤）
※あらかじめ、問題37-2の絵を線に沿って切り離し、上の○の部分に穴を開けておく。丸シールは、クマの目の大きさにあわせて切っておく。

〈問 題〉　この問題は絵を参考にしてください。
これから「クマ」を作ります。
①四角い紙の中の小さな○を、灰色のクーピーペンで塗り、大きな○の枠線に沿ってちぎってください。
②折り紙を斜めに2つに折ってください。
③クマの鼻を黒いクーピーペンで塗り、目の部分にシールを貼ってください。
④クマの顔の部分に、耳と口を貼ってください。上の穴にひもを通して蝶結びにしてください。これで完成です。

〈時 間〉　適宜

〈解 答〉　省略

［2019年度出題］

学習のポイント

Ｃグループ男子への問題です。１つひとつの作業は、それほど難しいものではありませんが、④の「蝶結び」では、紙の端に穴が開いているので、紙を破いて失敗してしまわないように注意が必要です。ていねいに作業を行い、きれいな出来上がりを目指して取り組む姿勢をふだんから心がけて練習をしてください。制作の評価は、作品の出来栄えによって大きく変わるものではありません。指示を理解することや、それを実行できたかなどの、作業に取り組む時の姿勢が主に観られています。落ち着いて取り組めば問題のないことですが、指示を聞き逃してしまったり、紙を破いてしまったりなど、予定外のことが起きてしまうかもしれません。そのような時にもあわててしまわないように、１つひとつのことにていねいに取り組む姿勢を、ふだんから心がけて準備を進めてください。

【おすすめ問題集】

★筑波大附属小学校工作攻略問題集★（書店では販売しておりません）
実践 ゆびさきトレーニング①②③
Ｊｒ・ウォッチャー23「切る・貼る・塗る」

問題38　分野：制作

Ｃグループ女子　聞く　創造

〈準備〉 クーピーペン（12色）、折り紙（白）、粘土（１個）、丸シール（赤、１枚）スティックのり、ひも（赤）
※あらかじめ、問題38－２の絵を線に沿って切り離し、女の子の腰の部分に穴を開けておく。

〈問題〉 この問題は絵を参考にしてください。
これから「応援する女の子」を作ります。

①メダルを作ります。四角い紙の中の○を、黄色のクーピーペンで塗り、枠線に沿ってちぎってください。
②靴を作ります。粘土で玉を２つ作り、それぞれを靴の形に整えてください。
③旗を作ります。折り紙の真ん中に、丸シールを貼ってください。
④台紙に、メダルと旗を貼り、足の部分に靴を置きます。女の子の腰の部分の穴に赤いひもを通して、蝶結びにしてください。これで完成です。

〈時間〉 適宜

〈解答〉 省略

［2019年度出題］

学習のポイント

Cグループ女子への問題です。作業の工程は、ほかのグループよりも少ない点と、粘土で靴を作り、台紙の上に置く点が特徴的です。金メダル、旗の紙が小さ目なので、ちぎった時に破いたり、貼る時に歪んだりしないように気を付けましょう。細かい作業がきれいに仕上げられるようになると、作業中の気持ちにも余裕が生まれますし、次の工程での失敗も少なくなります。そのために、ご家庭での練習の際には、1つの作業を何回か繰り返すような取り組みも、取り入れてみてください。同じ作業を繰り返すことで、作業を失敗したままにせず、効率よくきれいに作るコツがつかめるまで練習ができます。それぞれの作業が上手にできるようになったら、試験の時のように、指示を聞き取り、最後まで制作する練習に進むとよいでしょう。

【おすすめ問題集】

★筑波大附属小学校工作攻略問題集★（書店では販売しておりません）
実践 ゆびさきトレーニング①②③
Ｊｒ・ウォッチャー23「切る・貼る・塗る」

問題39　分野：口頭試問

全グループ　聞く

〈準 備〉　なし

〈問 題〉　この問題の絵はありません。
今から質問をしますので、答えてください。
・今日は誰とどのようにして来ましたか。
・何に乗ってきましたか。
・朝ごはんは何を食べてきましたか。
・好きな食べものは何ですか。
・好きなスポーツは何ですか。
・お誕生日はいつですか。
・先生が「たちつてと」と言ったように、言ってください。

〈時 間〉　適宜

〈解 答〉　省略

［2019年度出題］

学習のポイント

行動観察の前に行われる口頭試問です。グループ（15人）インタビューのような形式で行われるのですべての質問に答えるわけではありません。主に会話ができるか、コミュニケーションが取れるかということを評価するので、内容はそれほど気にしなくてよいでしょう。つまり、「なにを聞かれているかを理解して、それに沿った返事ができているか」ということです。もちろん年齢なりの答えでよいので、特別難しいことを言う必要もないでしょう。小学校入試のこういった課題は優れた個性を見つけ出そうという趣旨ではなく、著しく常識に欠けた、あるいはコミュニケーション能力の低いお子さまを入学させないという理由で行われるものです。なにも緊張することはありません。

【おすすめ問題集】

新運動テスト問題集、Ｊｒ・ウォッチャー28「運動」

問題40　分野：行動観察

全グループ　聞く　協調

〈準 備〉　紙コップ（50個程度）

〈問 題〉　この問題の絵はありません。

紙コップ積みゲーム

①５人ずつ３つのグループに分かれて、紙コップを高く積み上げてもらいます。
②紙コップの積み方は自由です。どのように積むかを相談して決めてください。
③「とってきましょう」と言ったら、向こうの机の所までいって、紙コップを取ってきてください。
④「はじめ」と言ったら積み出して、「やめ」と言ったらすぐにやめてください。
⑤どちらのグループの方が高く積めたかを見ます。
⑥もう１度私が「はじめ」の合図をしたら、今度は紙コップを片付けてください。時間は１分ですから急いで片付けましょう。

〈時 間〉　適宜

〈解 答〉　省略

［2019年度出題］

学習のポイント

行動観察の課題は例年とほぼ同じ内容ですが、本年度は勝ったチームに「どのように工夫をしたのか」というインタビューがあったようです。行動観察の課題では、積極的に行動することも大切ですが、まわりのお友だちと協調して行動することが評価の観点となります。積極的なお子さまならば、周りのお子さまへの気配りを大切にさせてください。引っ込み思案なお子さまならば、お友だちのサポートをがんばってみましょう。当校の行動観察は与えられる時間が短く、勝ち負けを競う形式です。お子さま同士の協調性が観点ですから、勝ち負けは合否には関わりませんが、急いで雑な行動を取ったり、周りが見えなくなってしまうことがあります。あわてそうな時こそ、「ゆっくり、ていねい」を意識して、ひと呼吸してから行動するように指導してください。

【おすすめ問題集】

Ｊｒ・ウォッチャー29「行動観察」、新口頭試問・個別テスト問題集

筑波大学附属小学校　専用注文書

年　　月　　日

合格のための問題集ベスト・セレクション

＊入試頻出分野ベスト３

1st　お話の記憶

集中力　聞く力　知識

2nd　図　形

観察力　思考力

3rd　制　作

観察力　集中力　巧緻性

お話の記憶は、お話が長く、設問も多いことが特徴です。図形は、難しい上に問題数も多いので、時間内に解き終えるための正確さとスピードが求められます。量と質を両立させる学習をめざしましょう。

分野	書　名	価格(税抜)	注文	分野	書　名	価格(税抜)	注文
総合	筑波大学附属小学校 ステップアップ問題集	2,000 円	冊	図形	Ｊｒ・ウォッチャー 6「系列」	1,500 円	冊
記憶	筑波大学附属小学校 新 お話の記憶攻略問題集	2,500 円	冊	図形	Ｊｒ・ウォッチャー 8「対称」	1,500 円	冊
図形	筑波大学附属小学校 図形攻略問題集①	2,500 円	冊	図形	Ｊｒ・ウォッチャー 9「合成」	1,500 円	冊
図形	筑波大学附属小学校 図形攻略問題集②	2,500 円	冊	図形	Ｊｒ・ウォッチャー 35「重ね図形」	1,500 円	冊
巧緻性	筑波大学附属小学校 工作攻略問題集	2,500 円	冊	図形	Ｊｒ・ウォッチャー 46「回転図形」	1,500 円	冊
総合	新 筑波大学附属小学校 集中特訓問題集	2,500 円	冊	図形	Ｊｒ・ウォッチャー 54「図形の構成」	1,500 円	冊
総合	筑波大学附属小学校 想定模擬テスト問題集	2,500 円	冊		お話の記憶問題集 上級編	2,000 円	冊
総合	筑波大学附属小学校 ラストスパート	2,000 円	冊		実践 ゆびさきトレーニング①②③	2,500 円	冊
作文	保護者のための筑波大学附属小学校作文対策	2,000 円	冊		新 口頭試問・個別テスト問題集	2,500 円	冊
					小学校受験で知っておくべき 125 のこと	2,600 円	冊
					新 小学校受験の入試面接Ｑ＆Ａ	2,600 円	冊
					新 願書・アンケート文例集 500	2,600 円	冊
					保護者の悩みＱ＆Ａ	2,600 円	冊
					小学校受験入門　願書の書き方から面接まで	2,500 円	冊

※上記商品の中には、書店では販売していないものもございます。
オンラインショップ、またはお電話・FAX でお申込ください。

合計	冊	円

(フリガナ) 氏　名	電　話 ＦＡＸ E-mail
住 所　〒　　　ー	以前にご注文されたことはございますか。 有　・　無

★お近くの書店、または記載の電話・FAX・ホームページにてご注文をお受けしております。
電話：03-5261-8951　FAX：03-5261-8953　代金は書籍合計金額＋送料がかかります。
※なお、落丁・乱丁以外の理由による商品の返品・交換には応じかねます。

★ご記入頂いた個人に関する情報は、当社にて厳重に管理致します。なお、ご購入の商品発送の他に、当社発行の書籍案内、書籍に関する調査に使用させて頂く場合がございますので、予めご了承ください。

日本学習図書株式会社
http://www.nichigaku.jp

問題 1

①

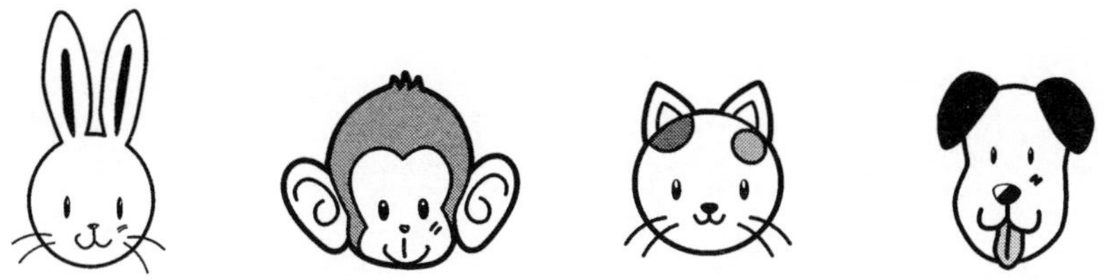

②

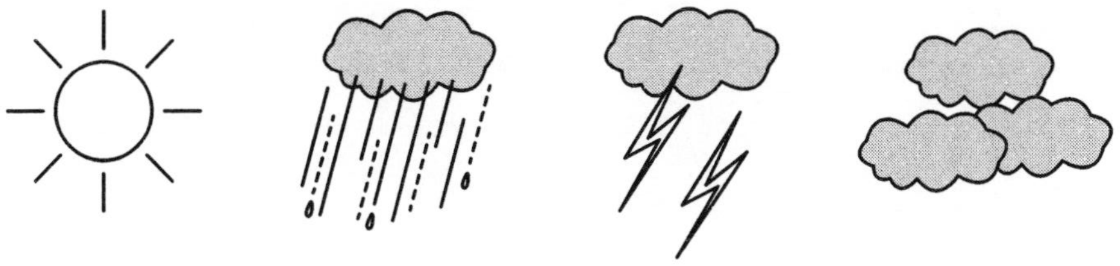

③

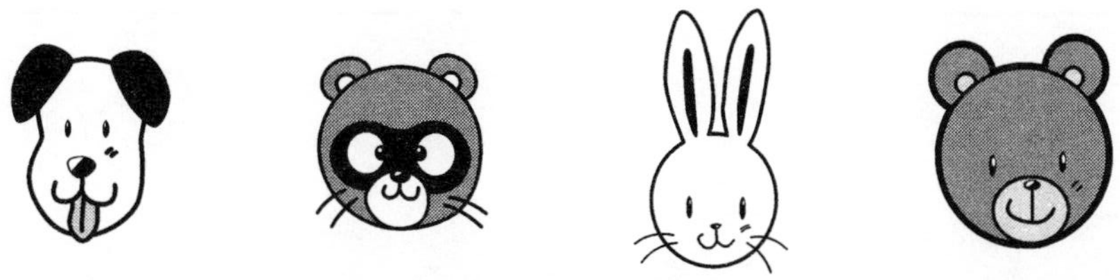

④

⑤

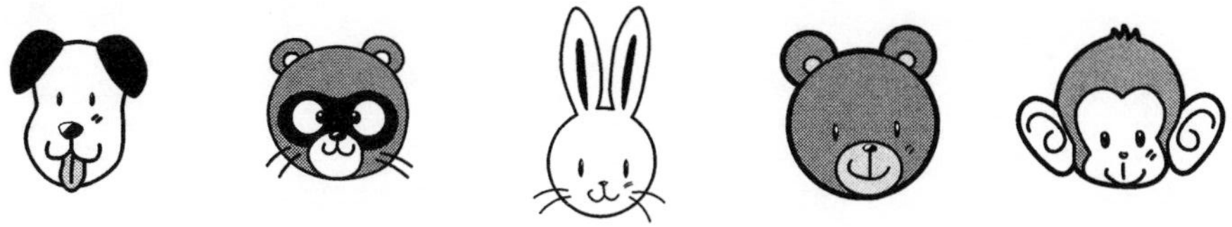

⑥

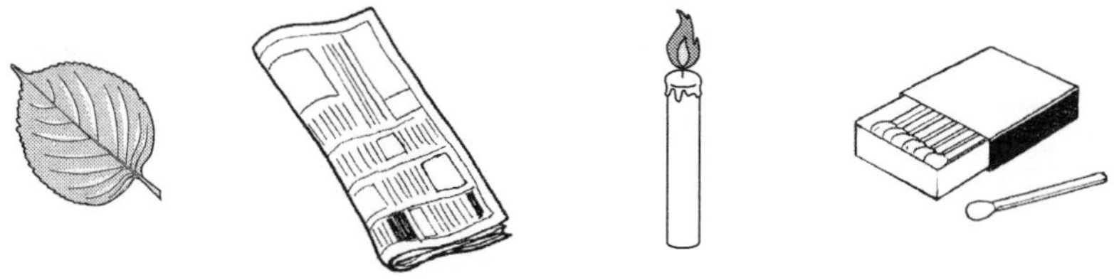

⑦

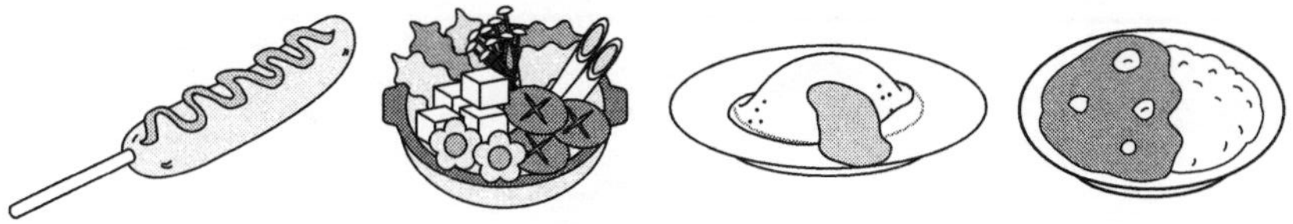

⑧

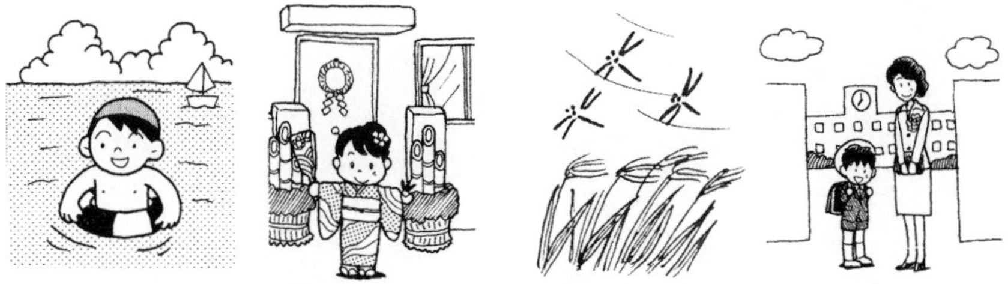

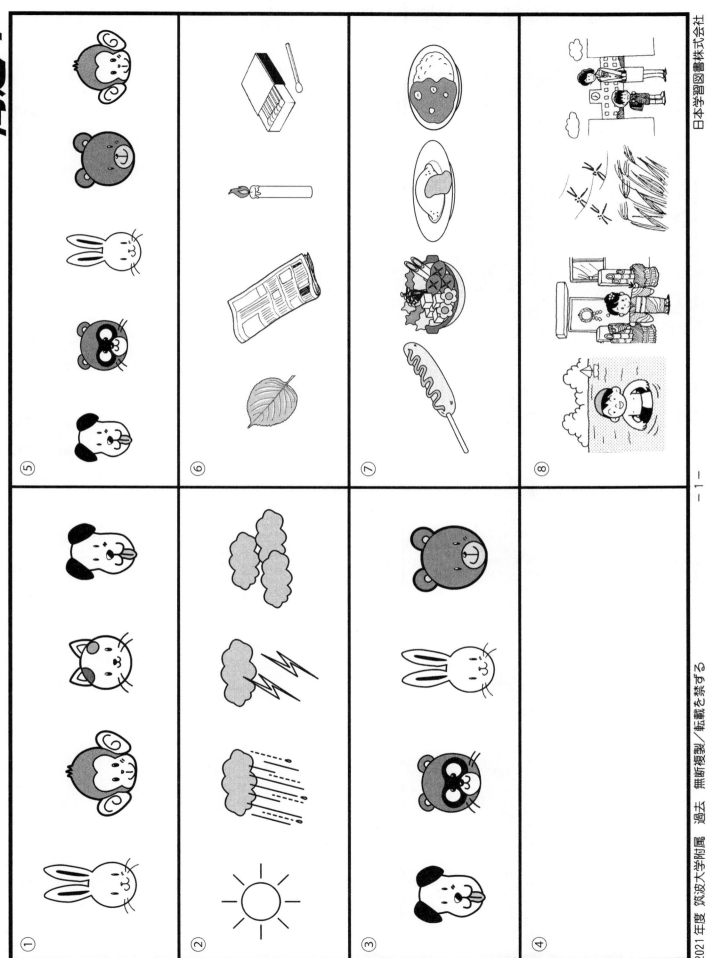

問題2

①

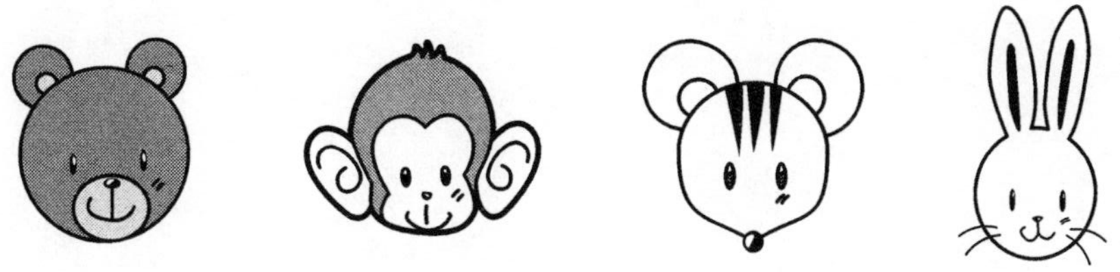

②

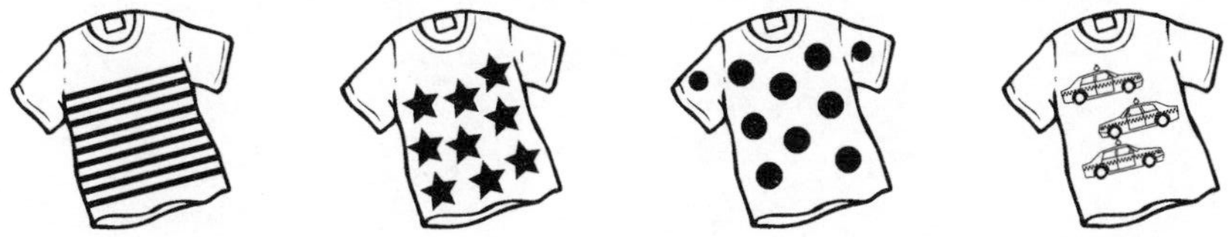

③

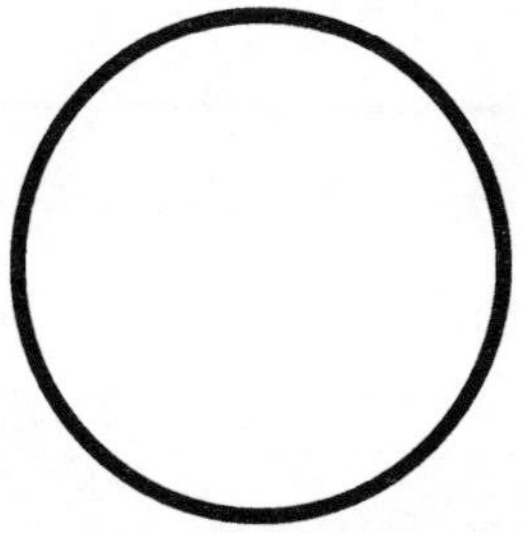

④

⑤

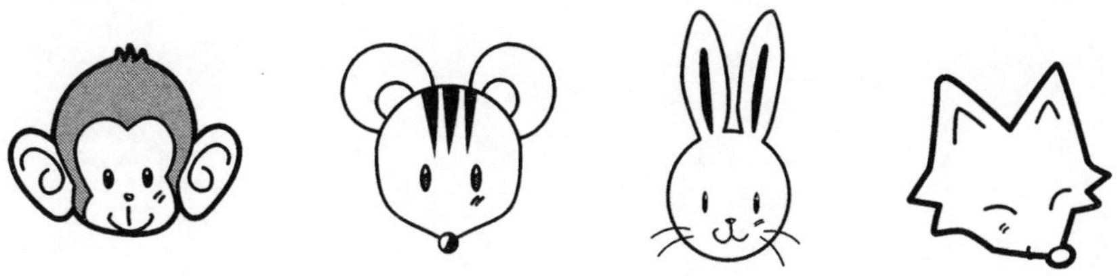

⑥

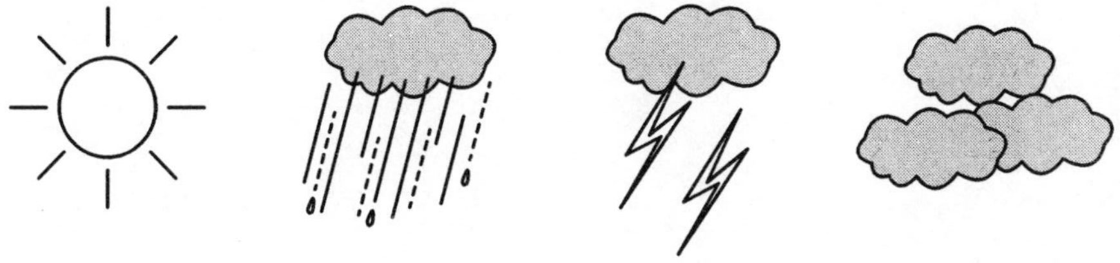

⑦

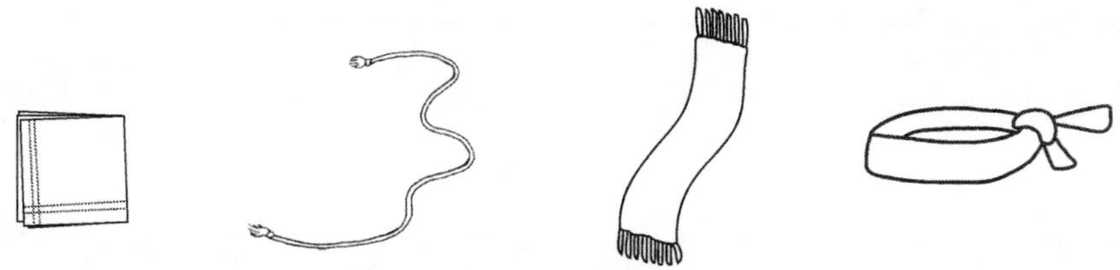

⑧

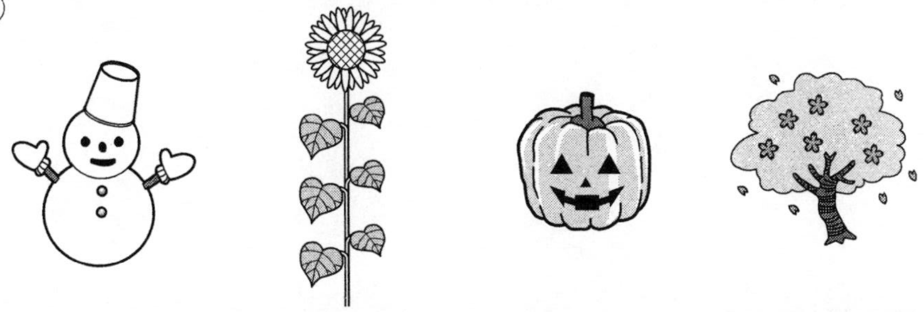

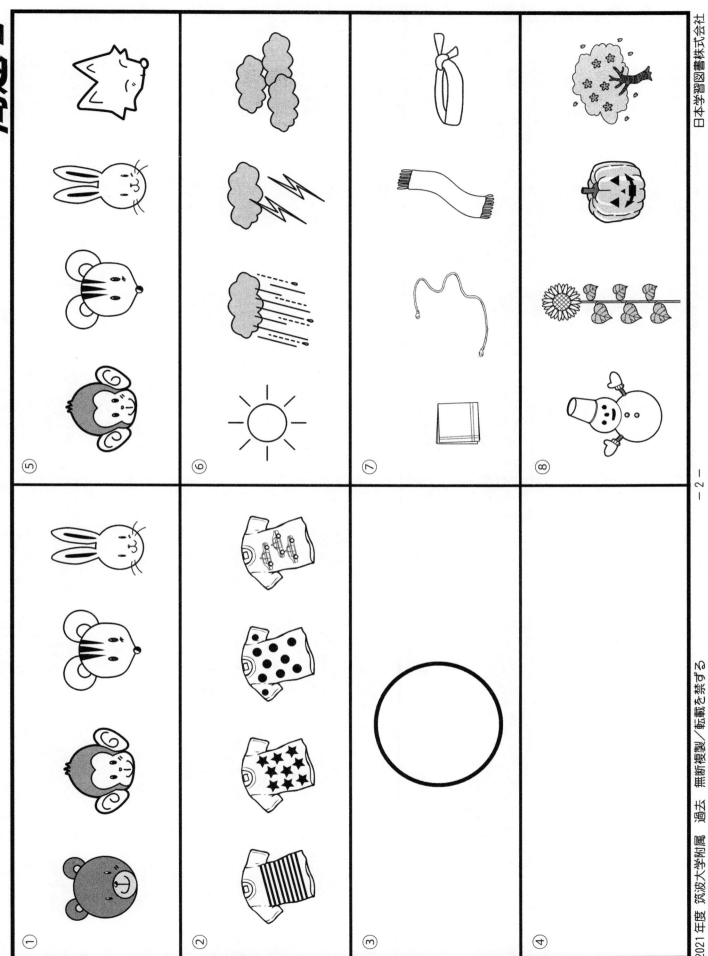

問題 3

①

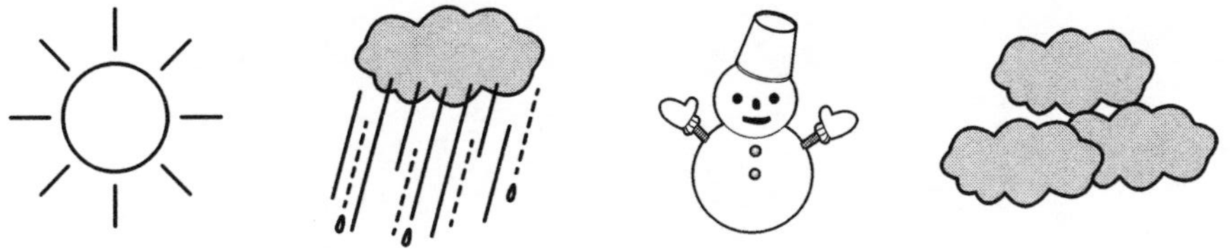

②

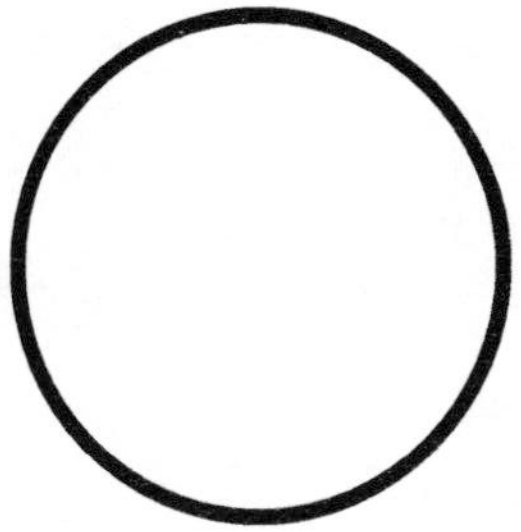

③

④

⑤

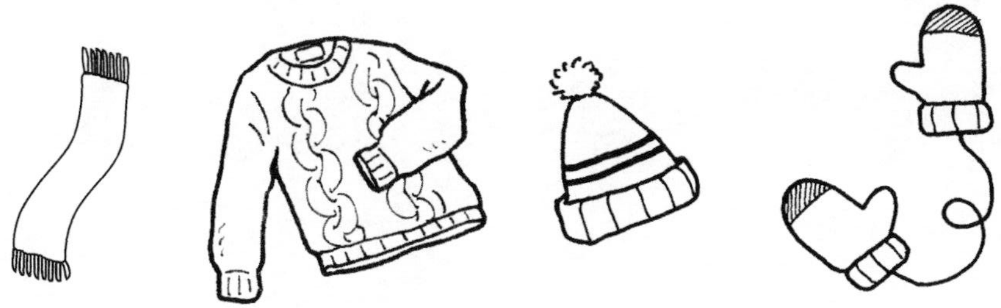

⑥

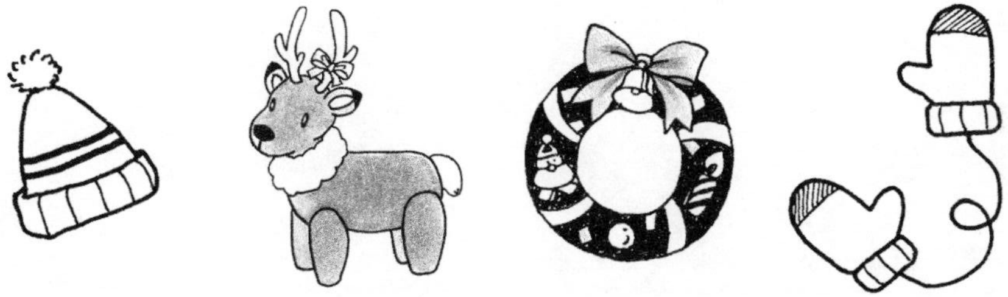

⑦

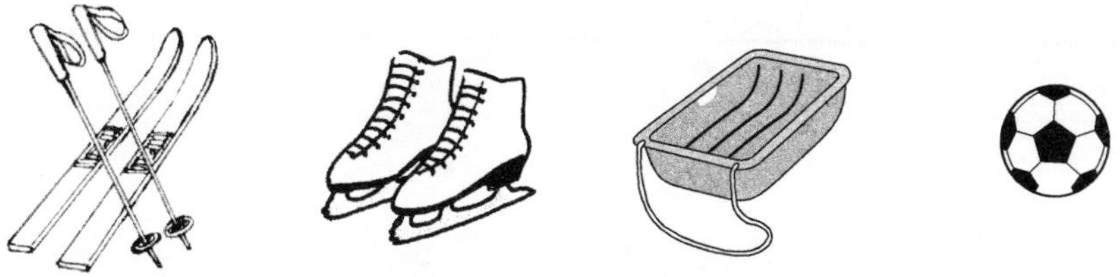

⑧

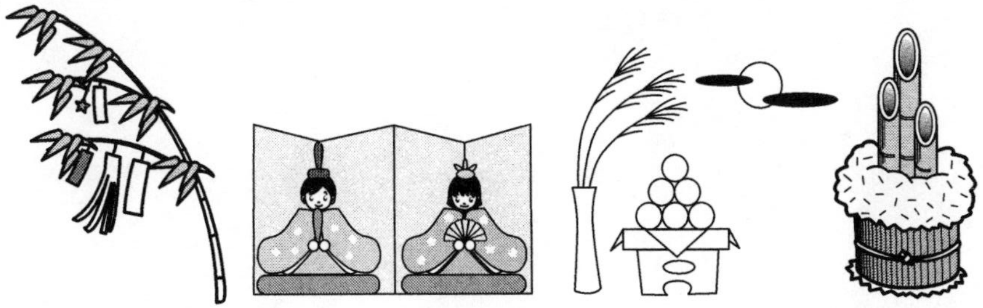

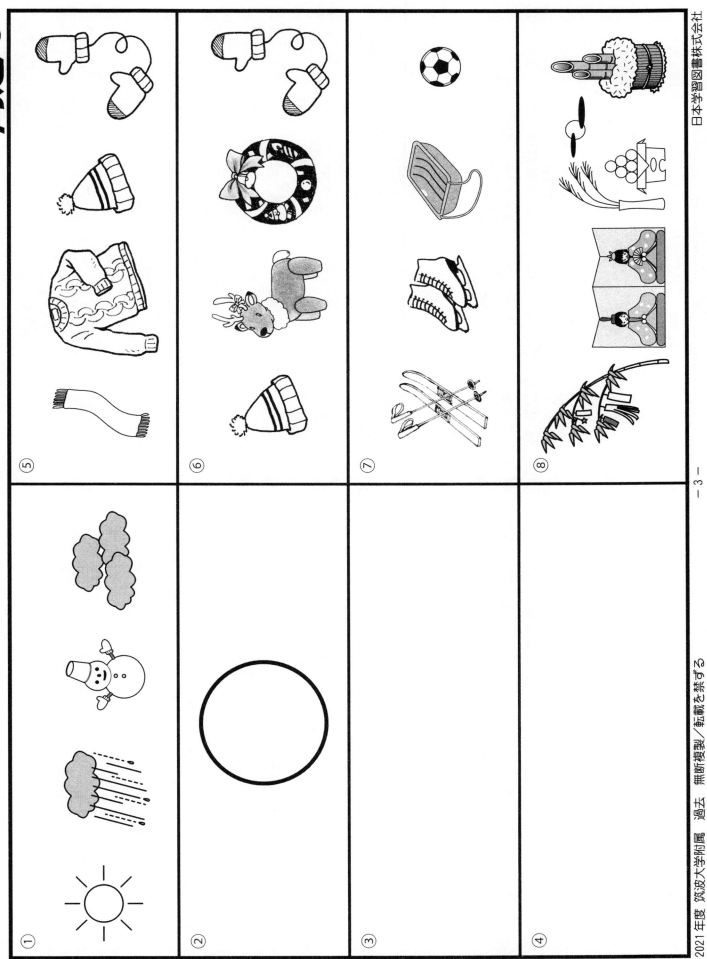

問題4

①

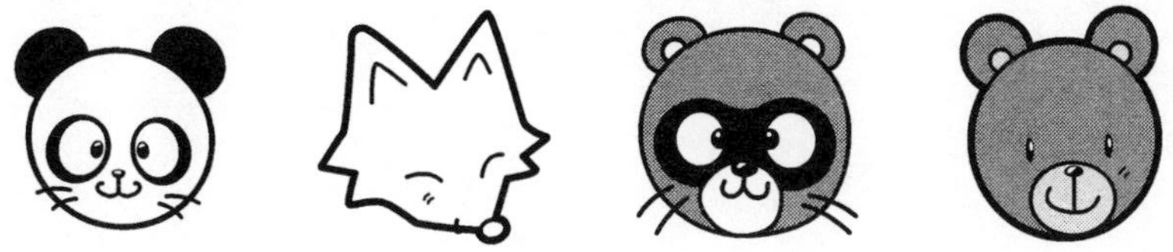

②

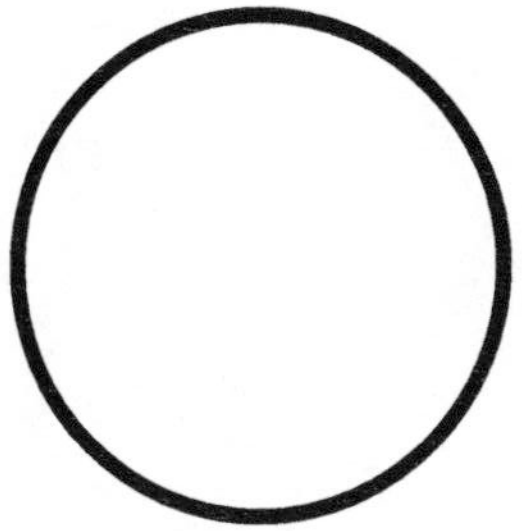

③

④

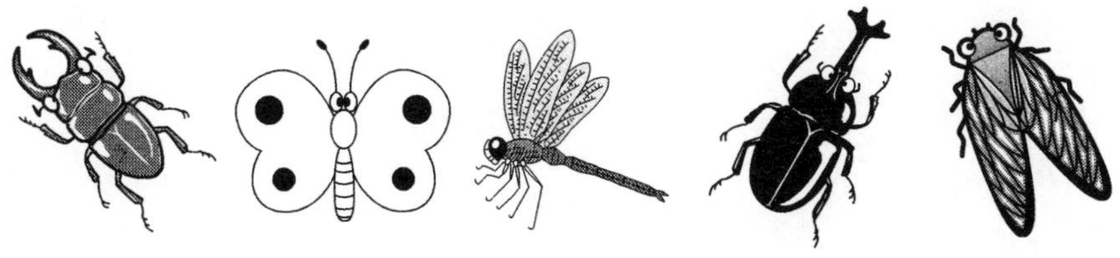

⑤

⑥

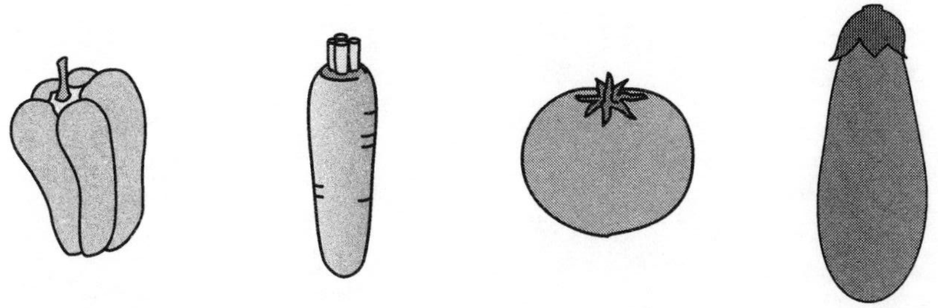

⑦

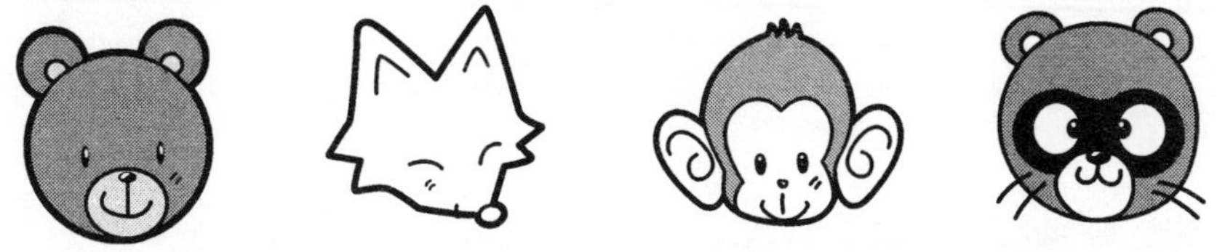

⑧

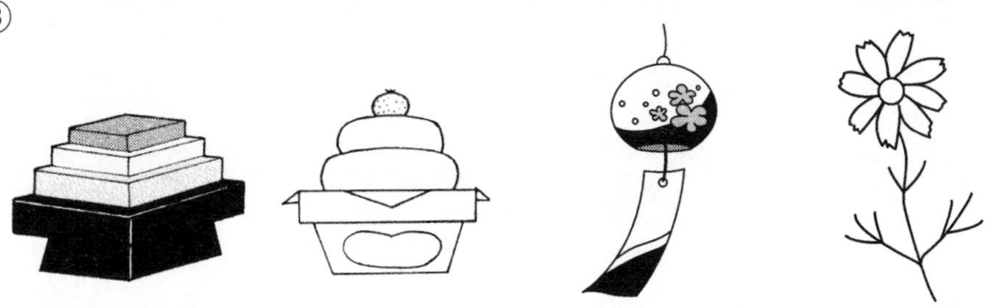

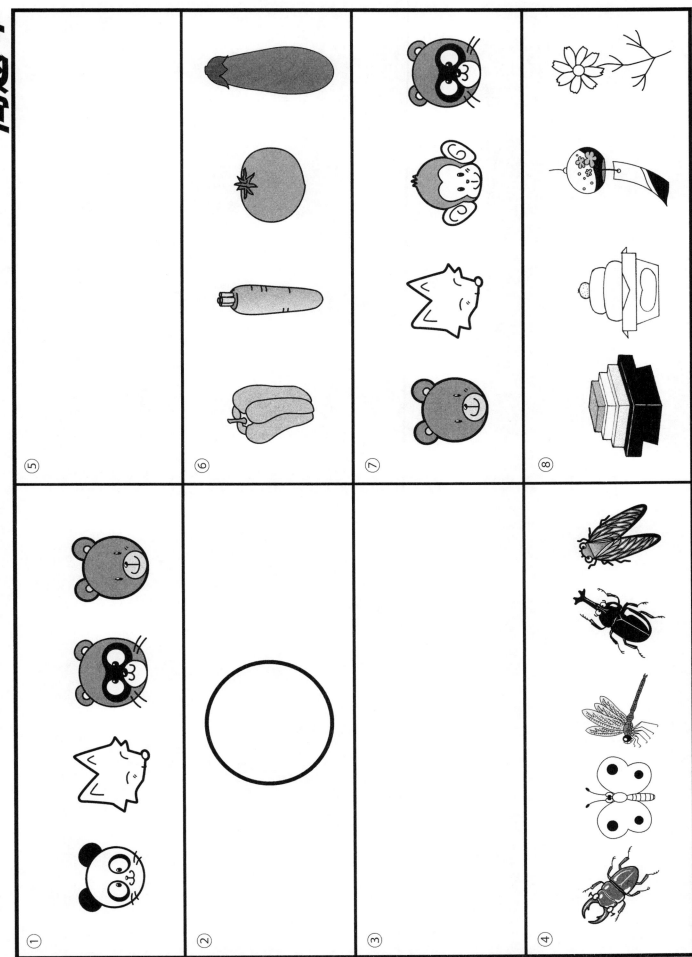

問題5

①

②

③

④

⑤

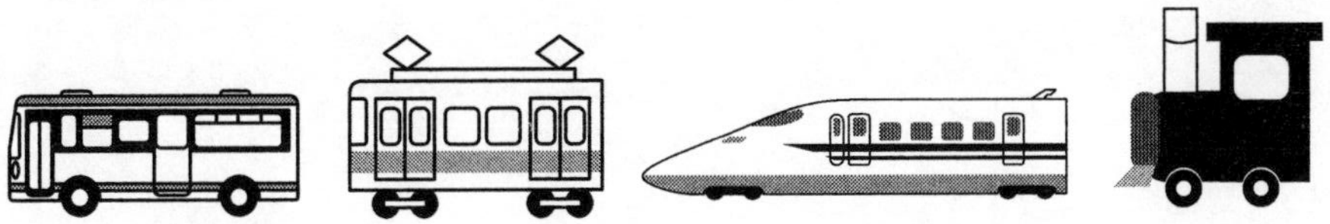

⑥

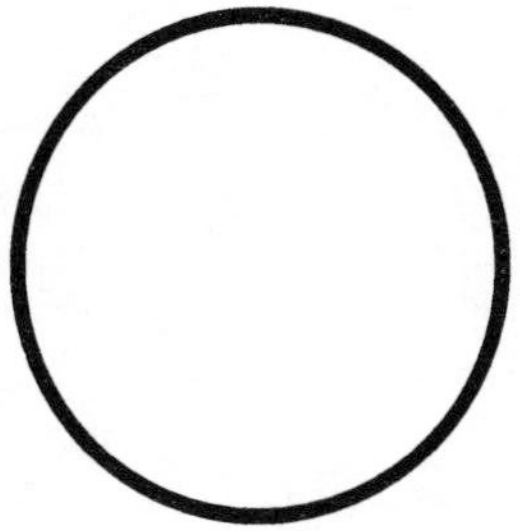

⑦

⑧

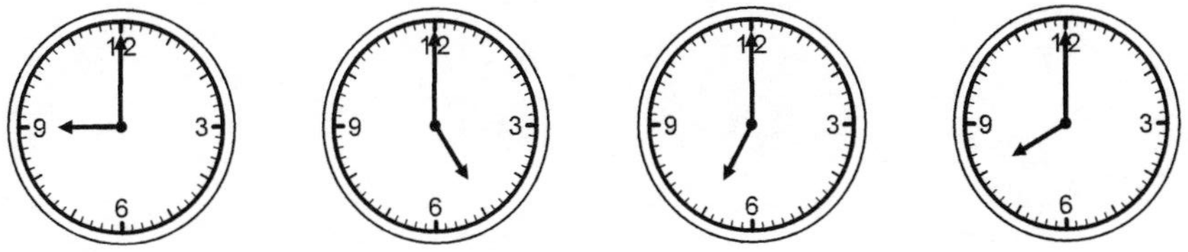

問題6

①

②

③

④

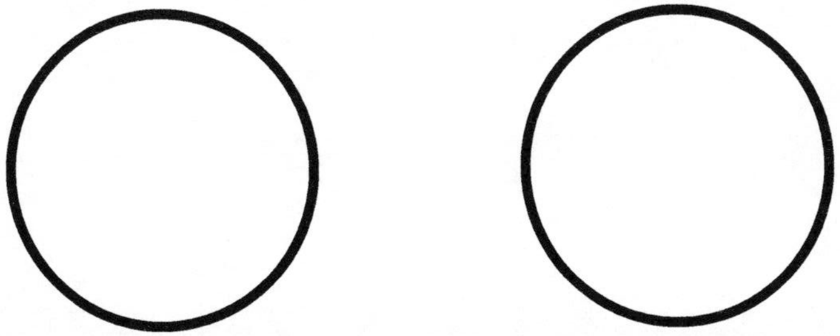

⑤

⑥

⑦

⑧

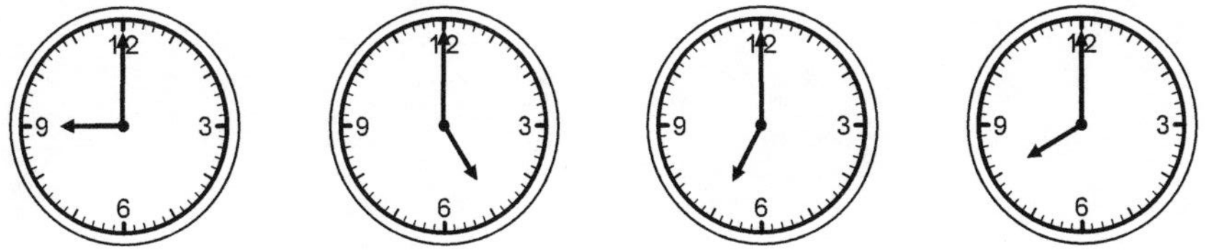

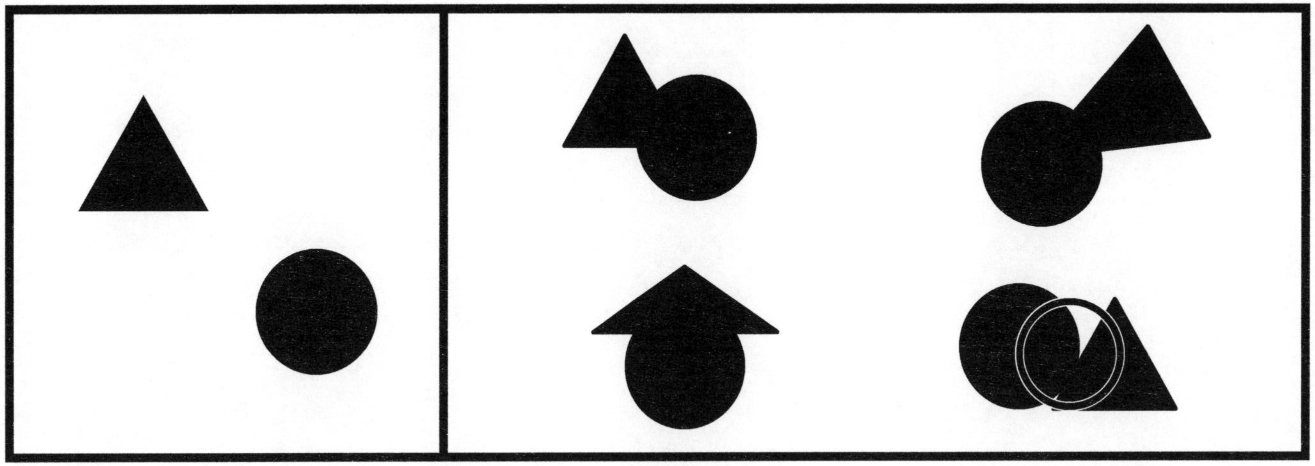

①

②

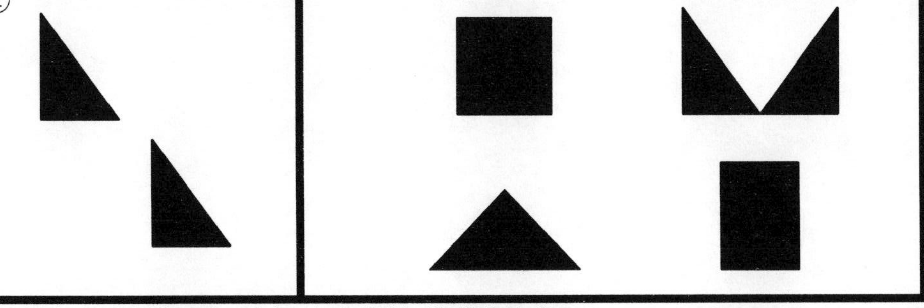

③

④

問題７－２

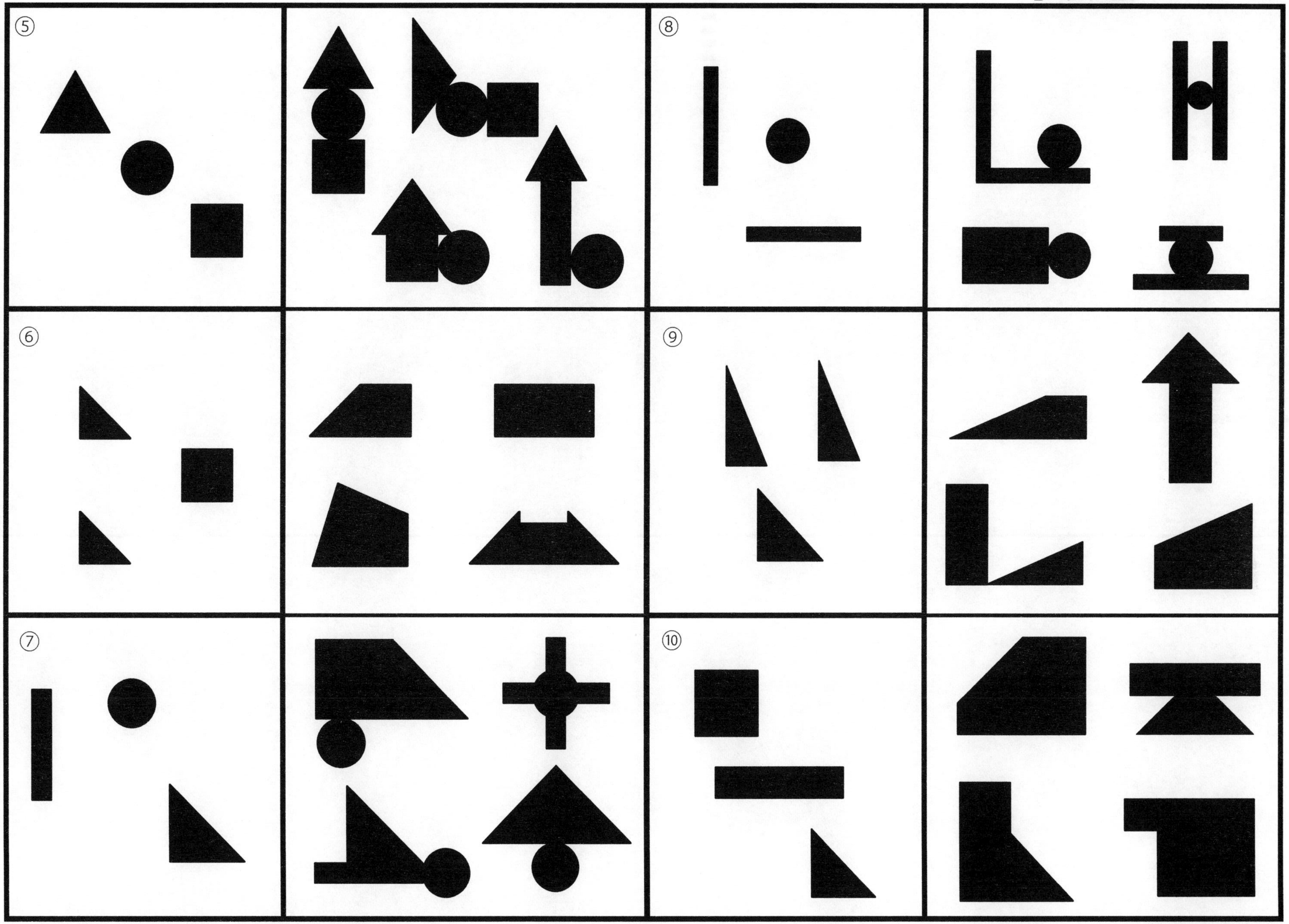

問題8－1

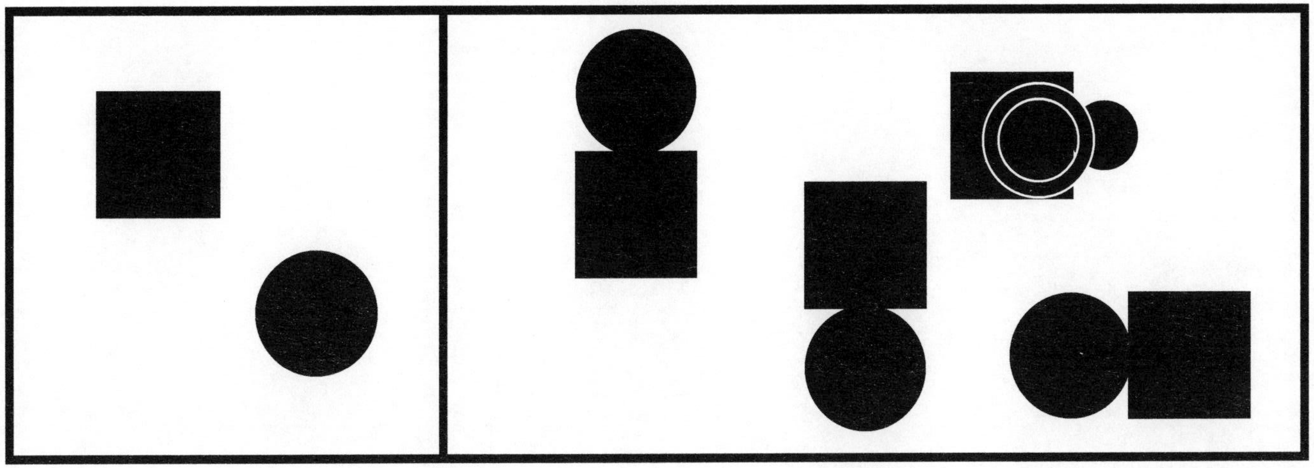

①

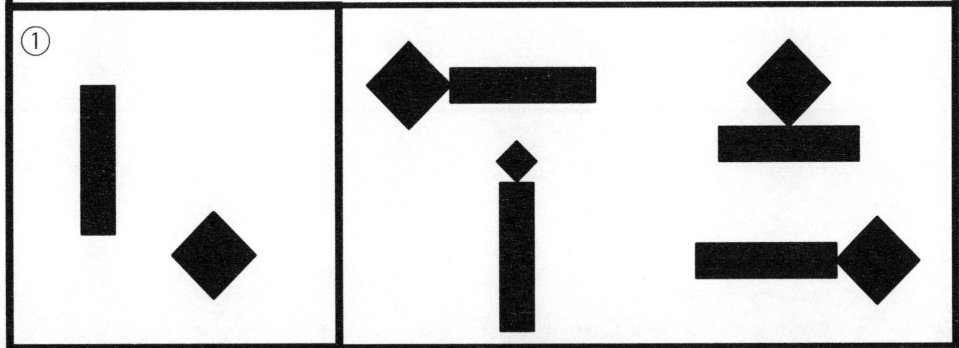

②

③

④

1－8 問題

日本学習図書株式会社

2021 年度 筑波大学附属 過去 無断複製／転載を禁ずる

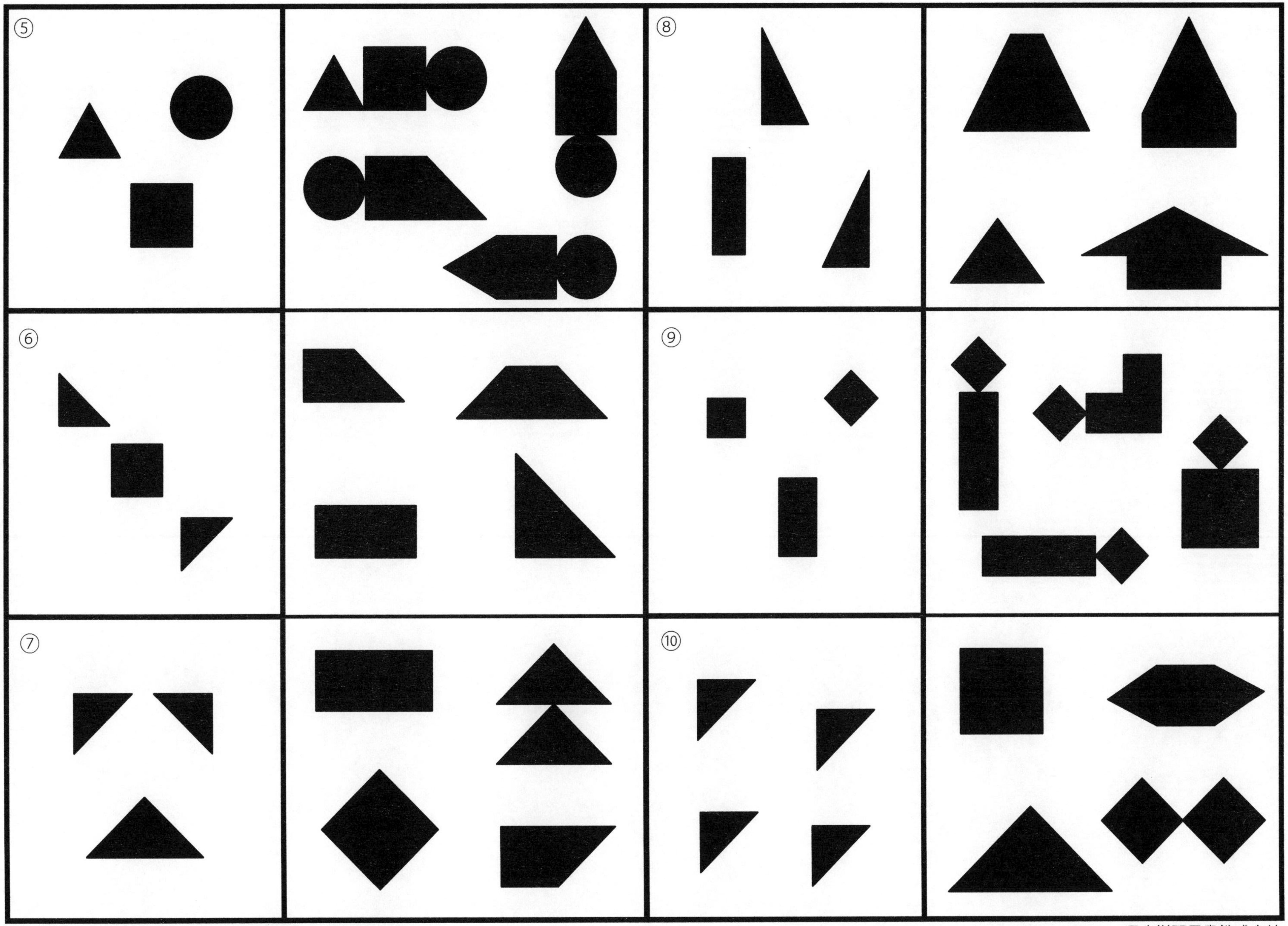

問題９－１

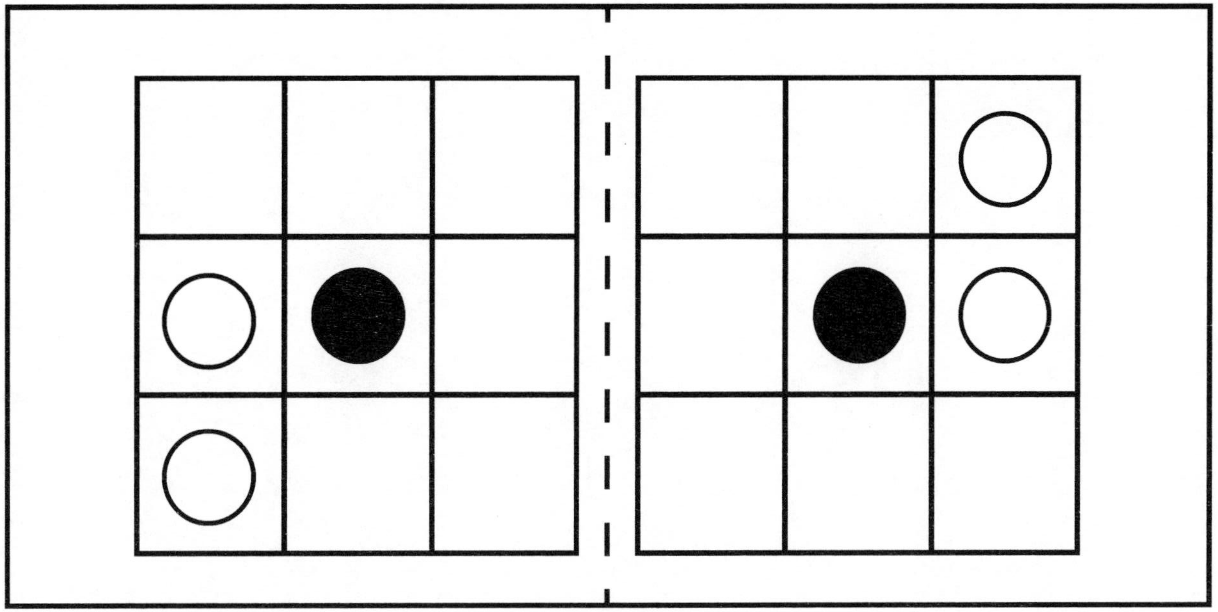

①

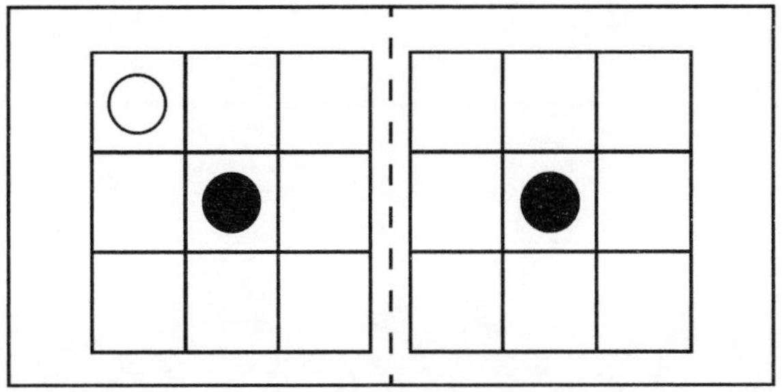

③

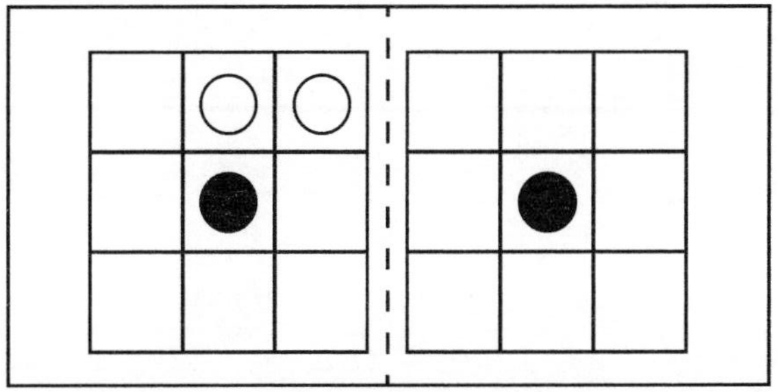

②

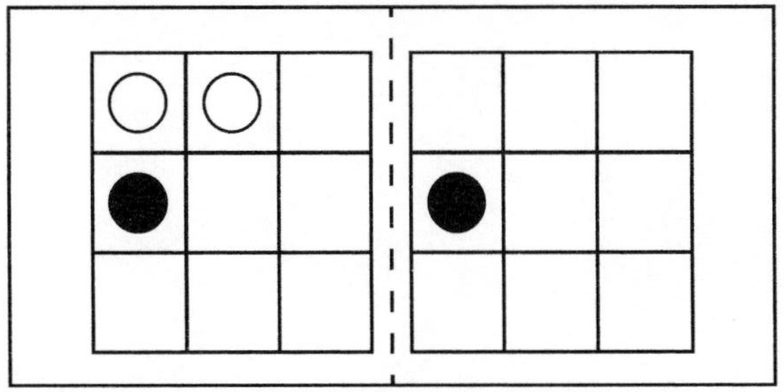

④

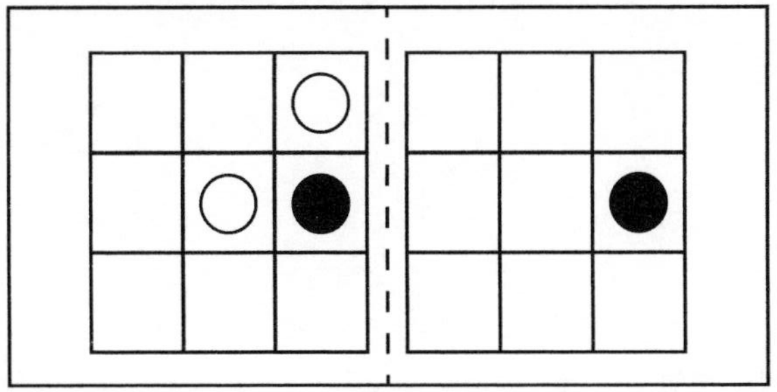

問題9－2

⑤

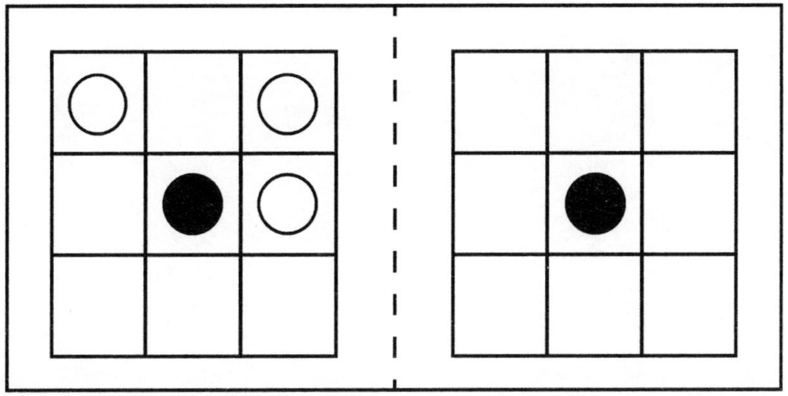

⑥

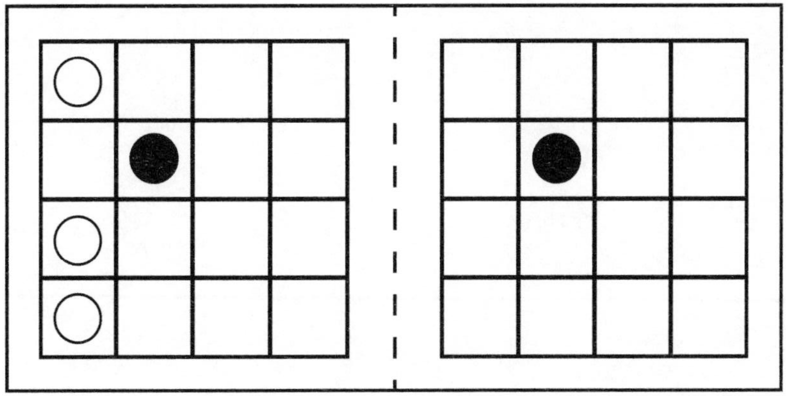

⑦

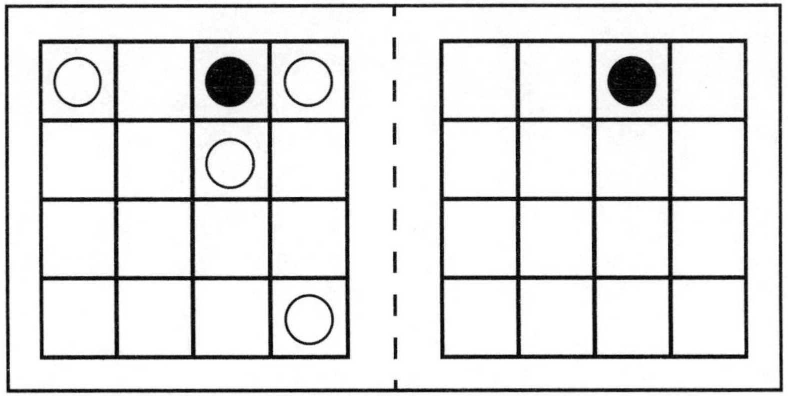

⑧

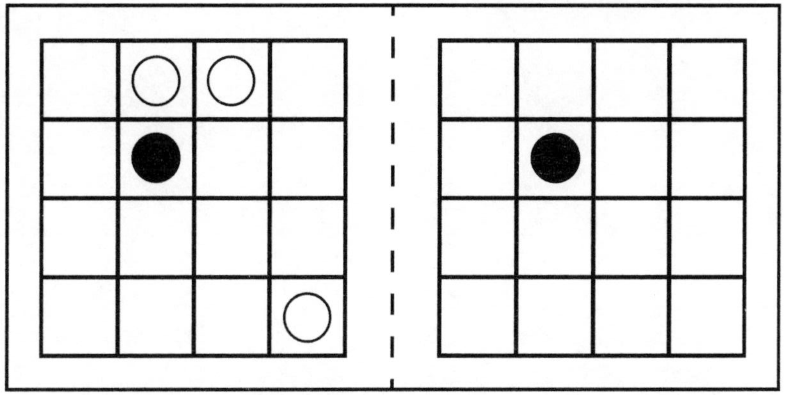

⑨

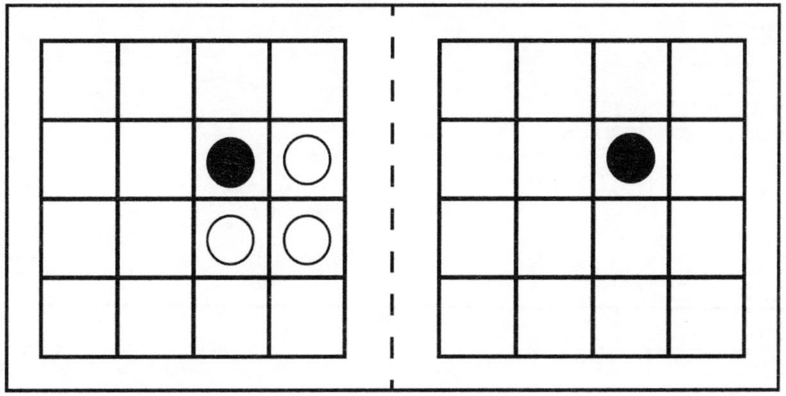

⑩

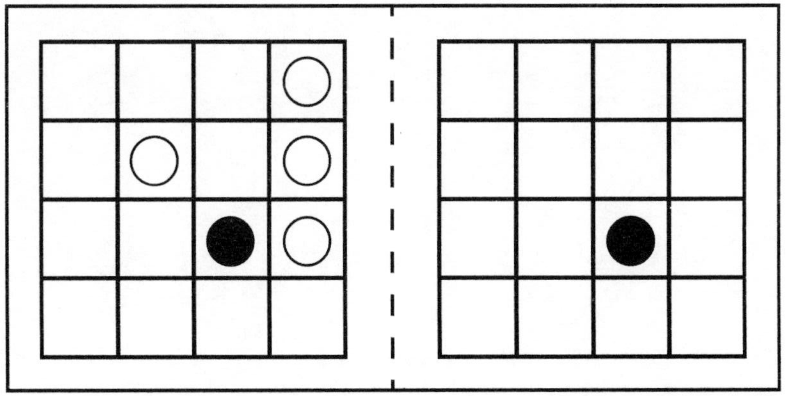

問題１０−１

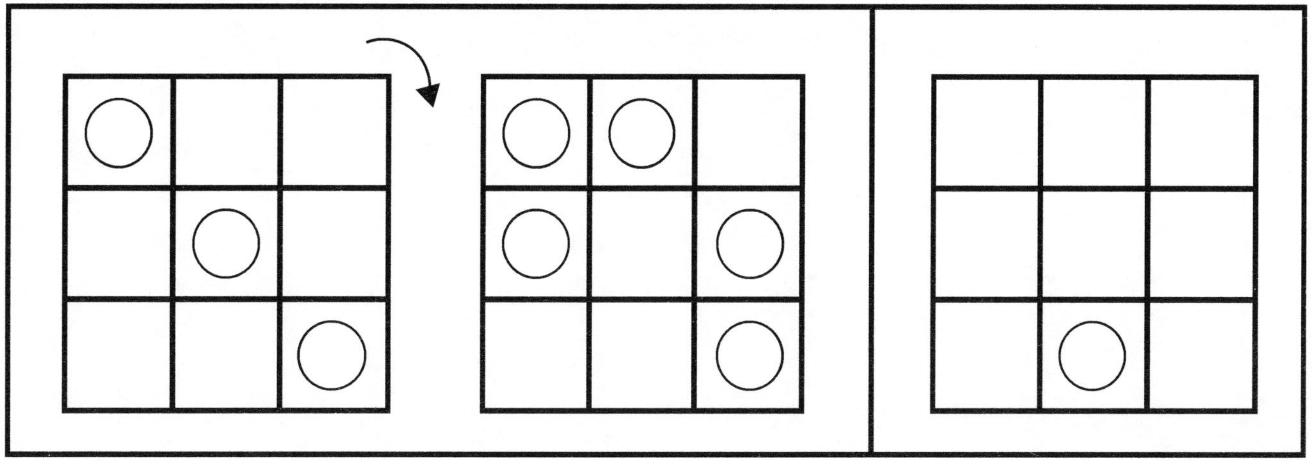

①

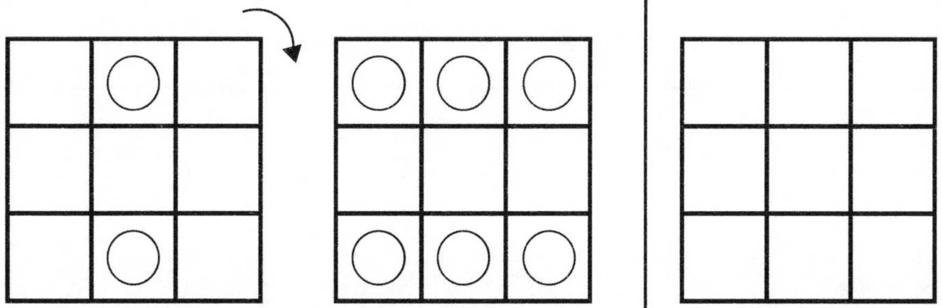

②

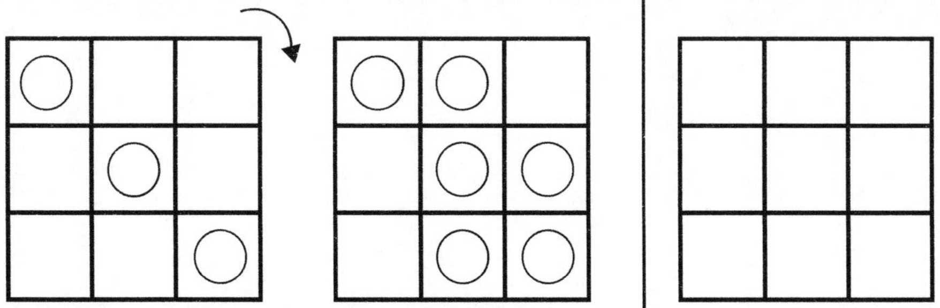

③

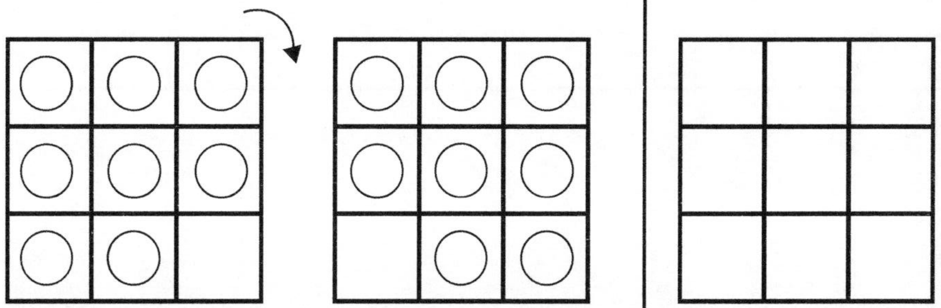

④

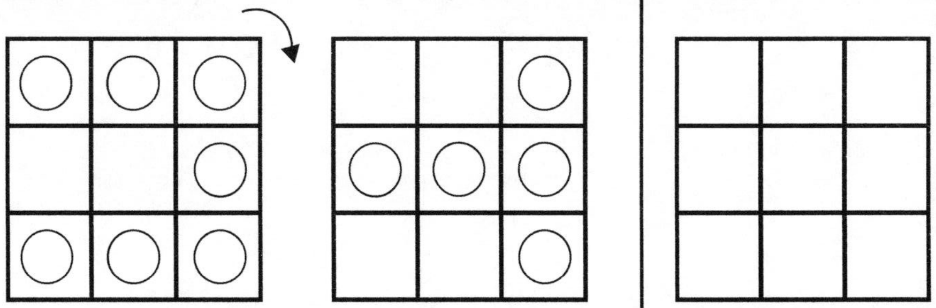

問題１０－２

⑤

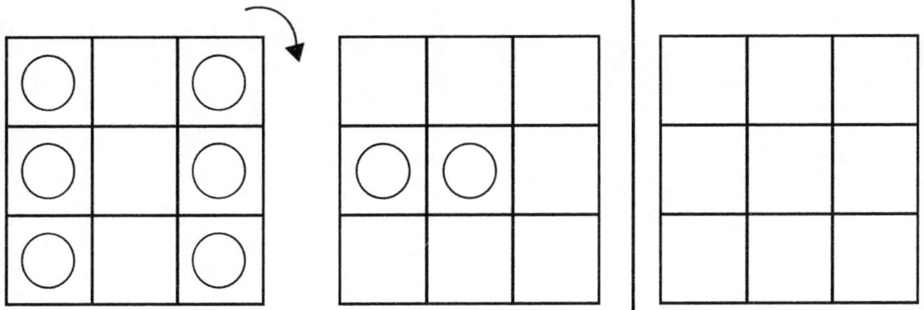

⑥

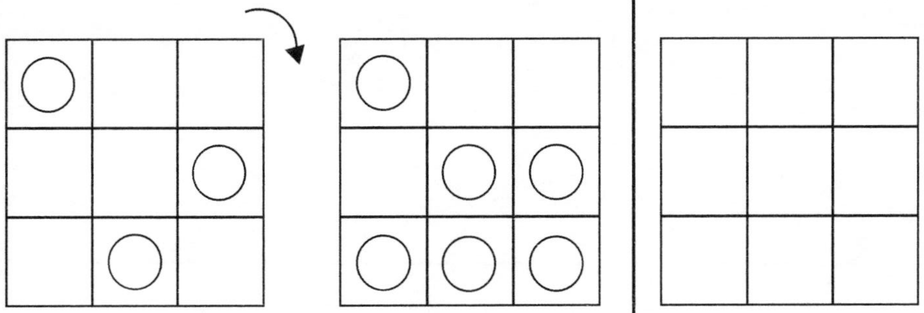

⑦

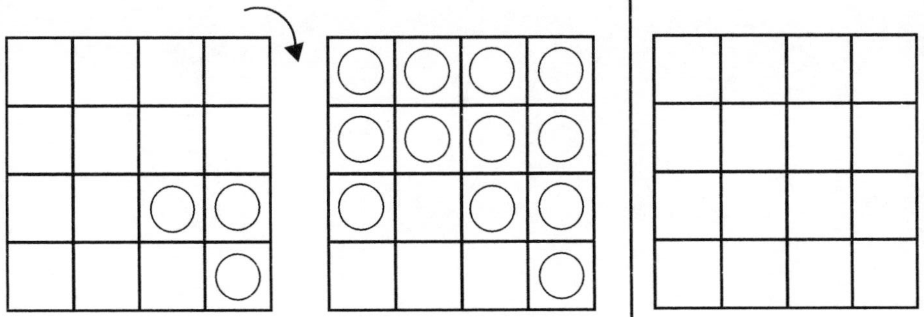

⑧

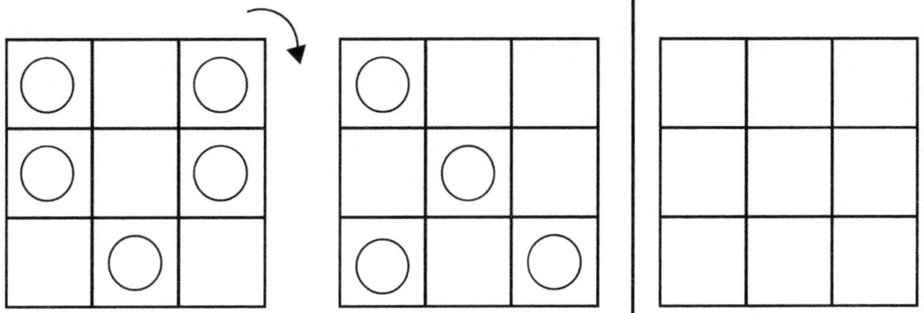

⑨

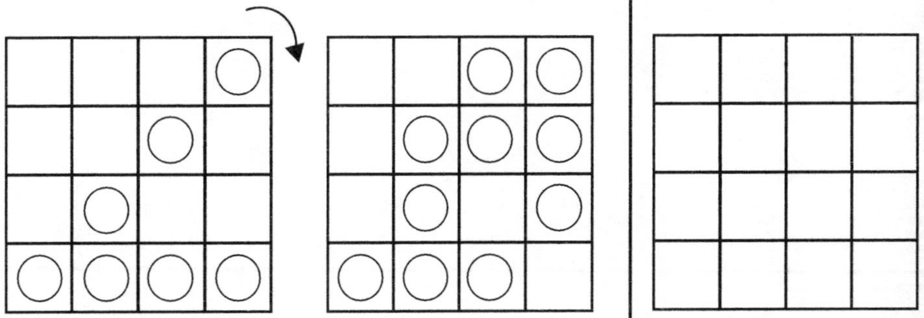

⑩

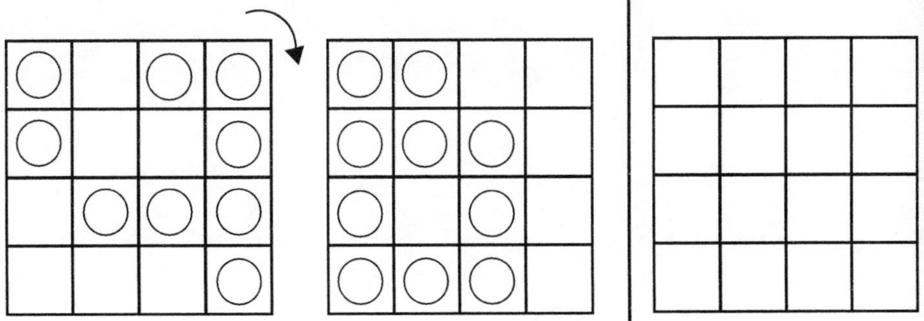

問題１１

①

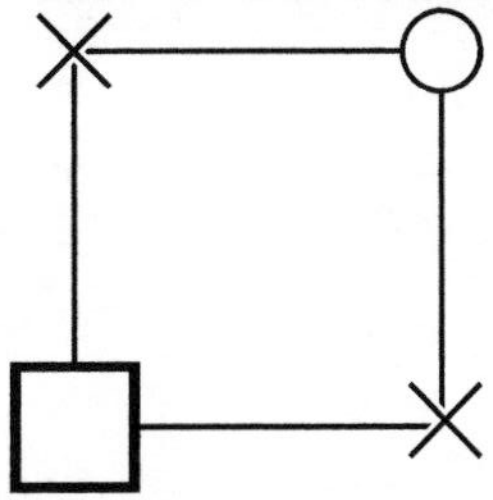

②

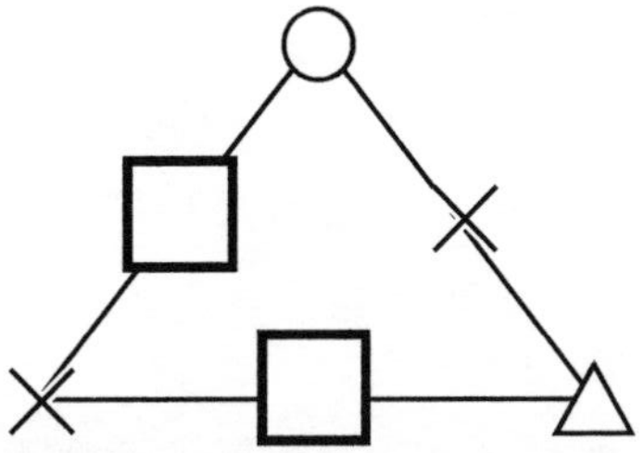

③

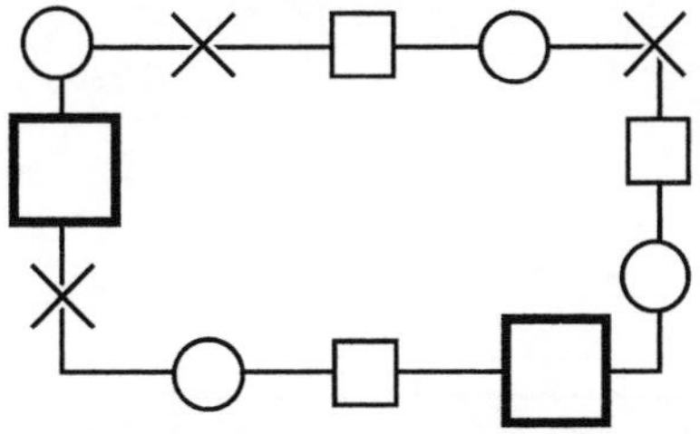

④

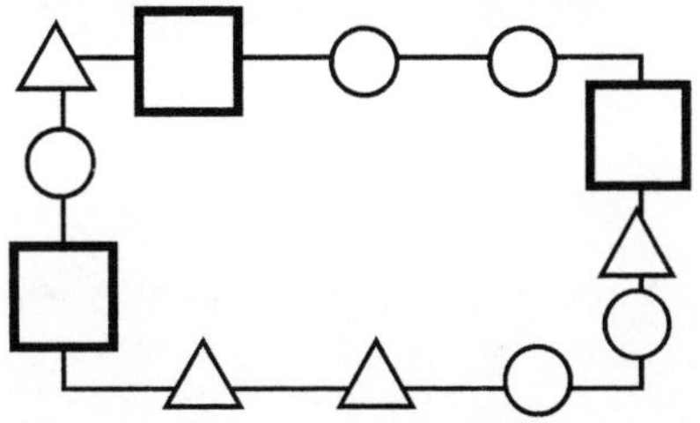

⑤

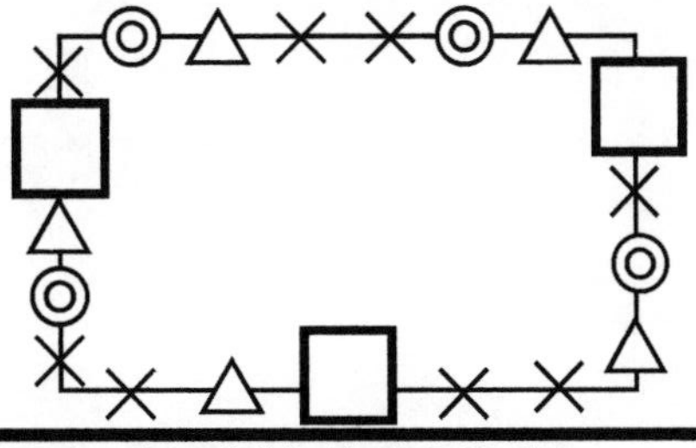

⑥

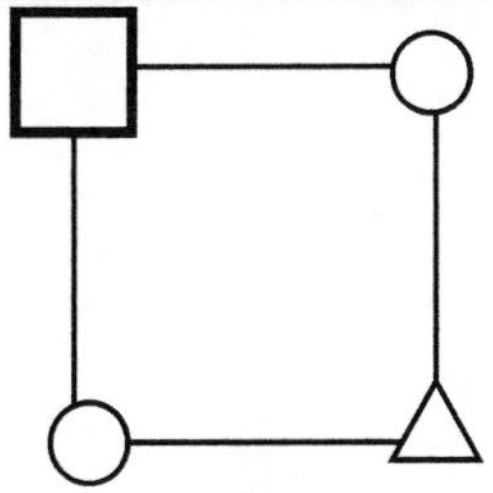

⑦

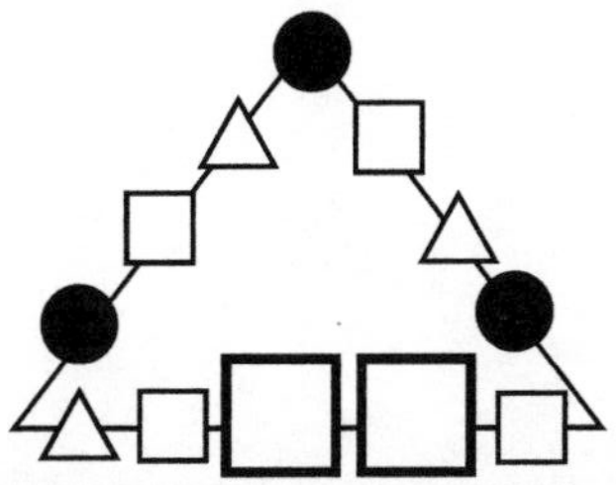

⑧

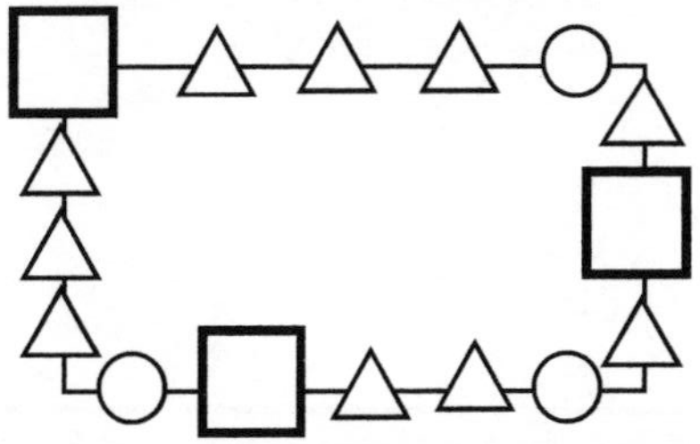

⑨

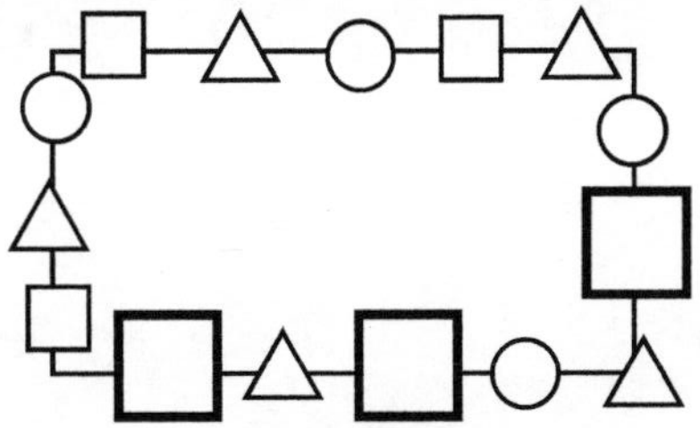

⑩

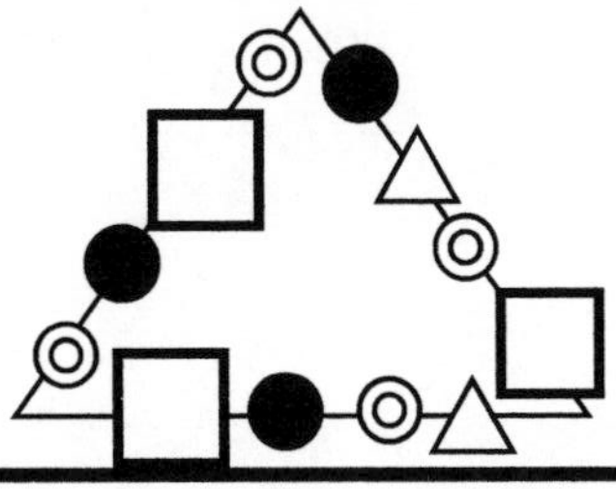

問題12

① ○→×→○→【　】→○→×

② ●→□→△→●→□→【　】

③ ○→△→○→【　】→【　】→△

④ 【　】→△→【　】→○→△→●

⑤ △→【　】→×→【　】→●→×

⑥ ○→【　】→○→◇→【　】→◇

⑦ ×→△→○→【　】→△→【　】

⑧ ●→▲→【　】→【　】→▲→■→【　】→▲→■→●

⑨ 【　】→×→△→●→×→×→【　】→●→×→【　】

⑩ △→【　】→◇→◇→△→○→◇→【　】→△→【　】

⑪ △→【　】→◇→□→【　】→□→【　】→□→△→□

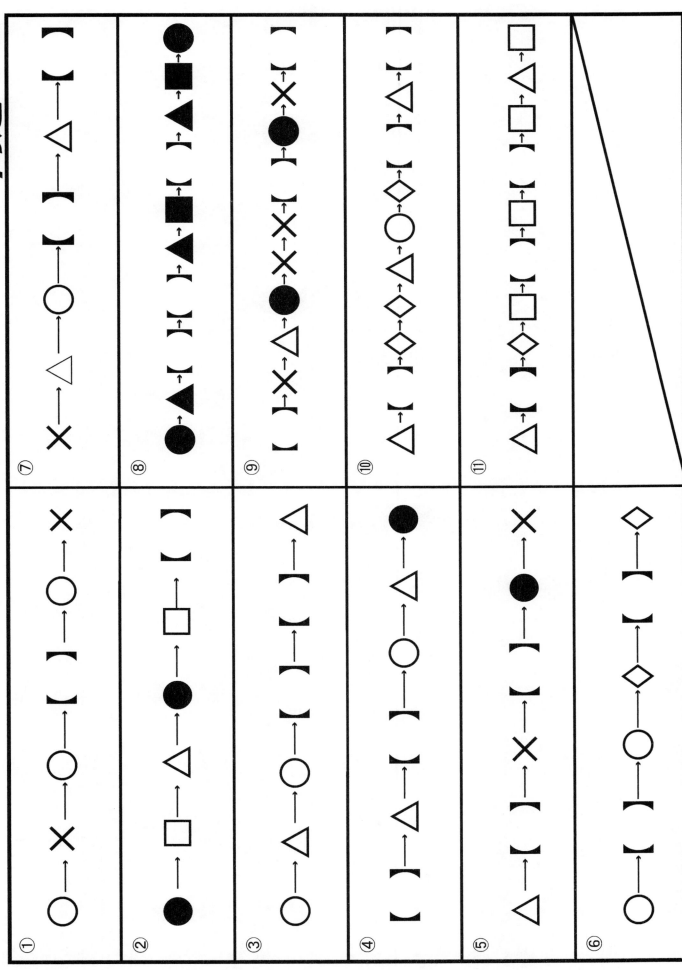

問題１３

顔の台紙

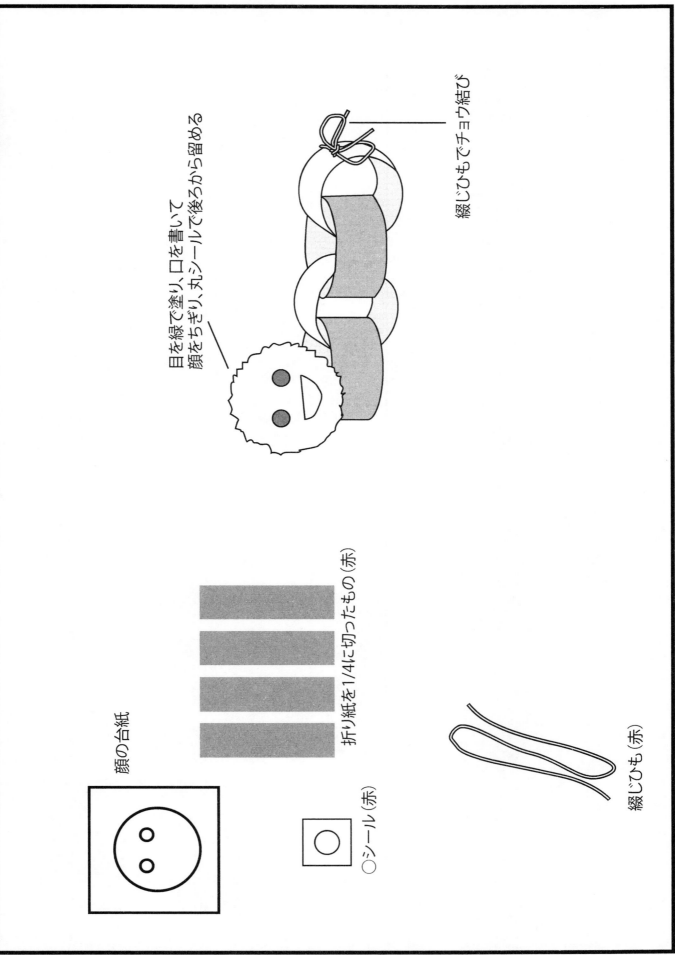

折り紙を1/4に切ったもの（赤）

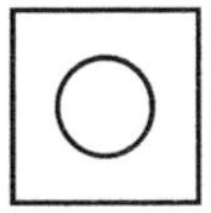

○シール（赤）

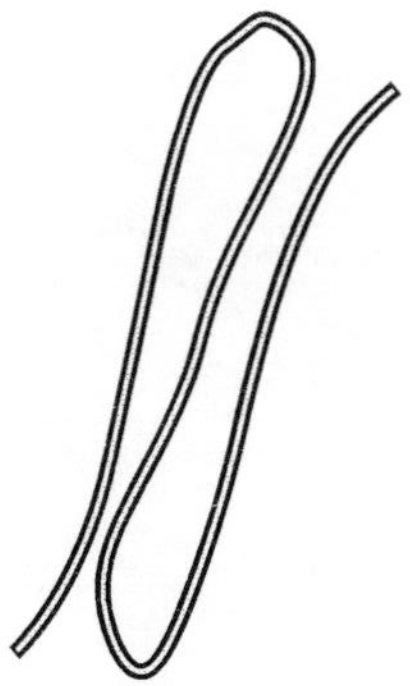

綴じひも（赤）

目を緑で塗り、口を書いて
顔をちぎり、丸シールで後ろから留める

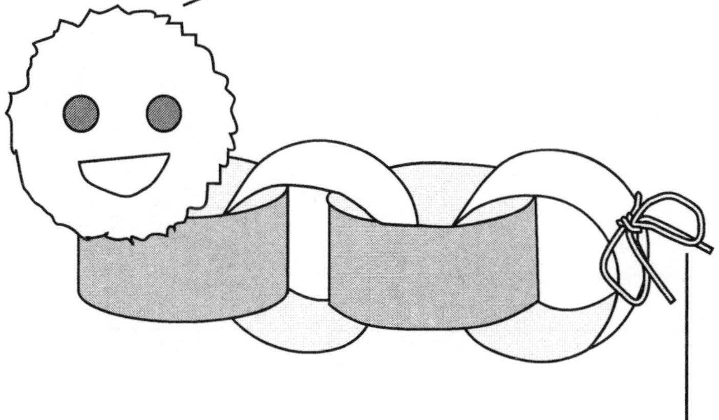

綴じひもでチョウ結び

問題１４

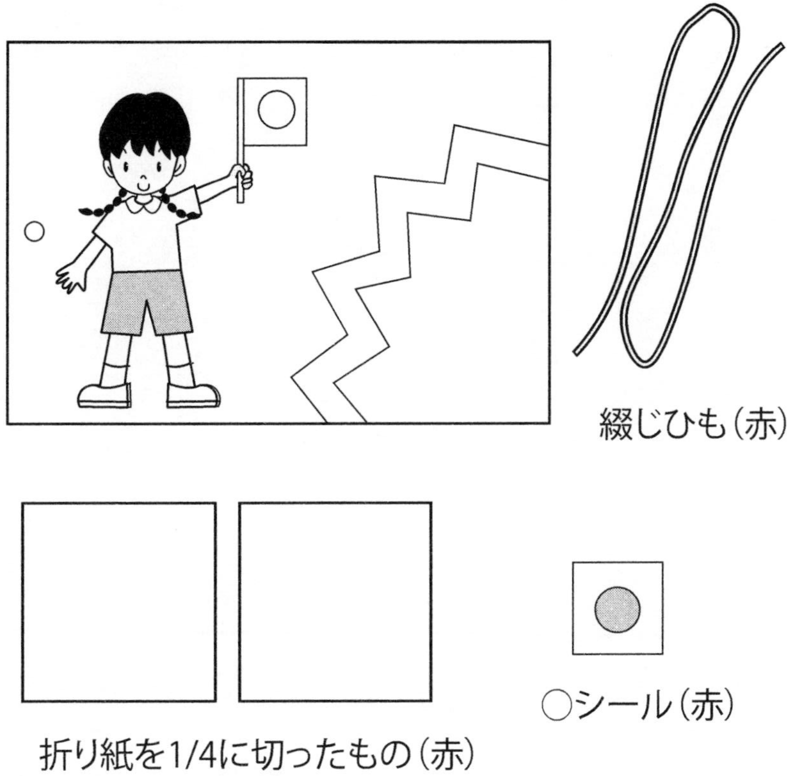
綴じひも（赤）
○シール（赤）
折り紙を1/4に切ったもの（赤）

※帽子の作り方

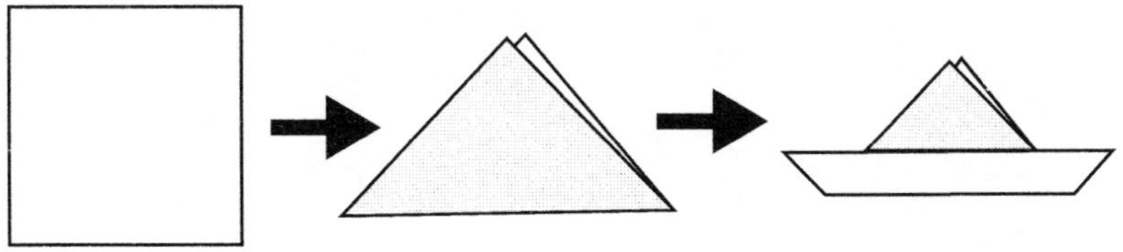

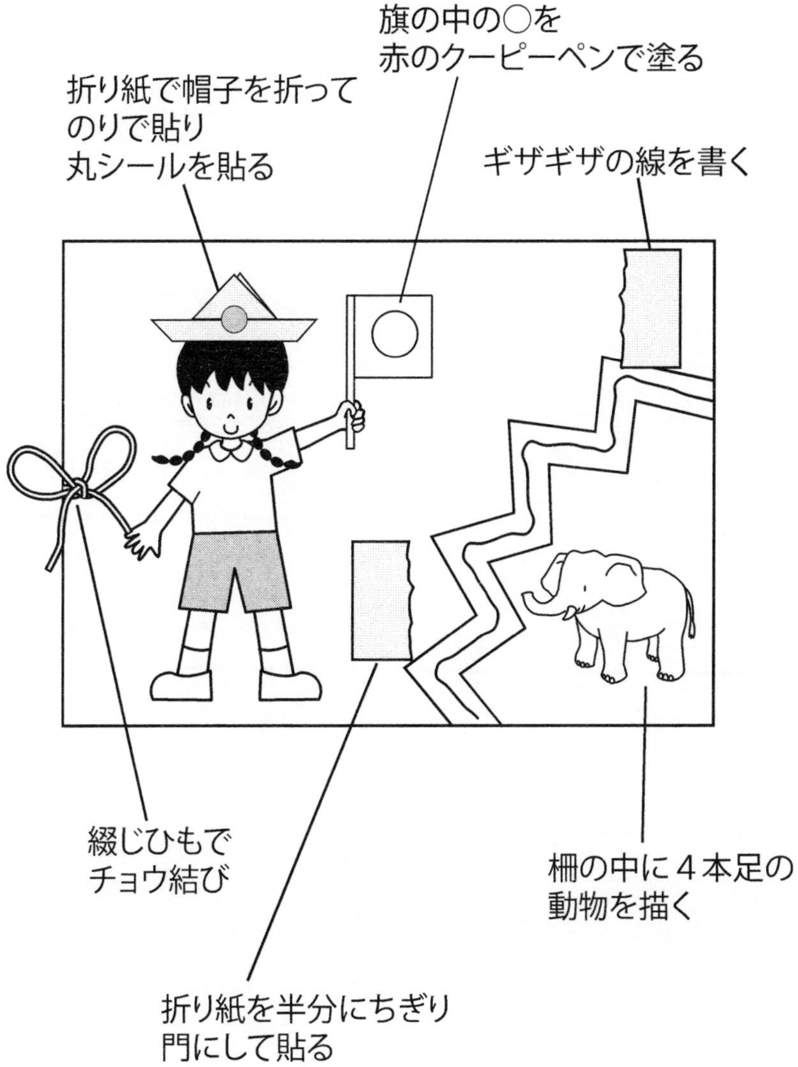
旗の中の○を
赤のクーピーペンで塗る
折り紙で帽子を折って
のりで貼り
丸シールを貼る
ギザギザの線を書く
綴じひもで
チョウ結び
柵の中に４本足の
動物を描く
折り紙を半分にちぎり
門にして貼る

問題15

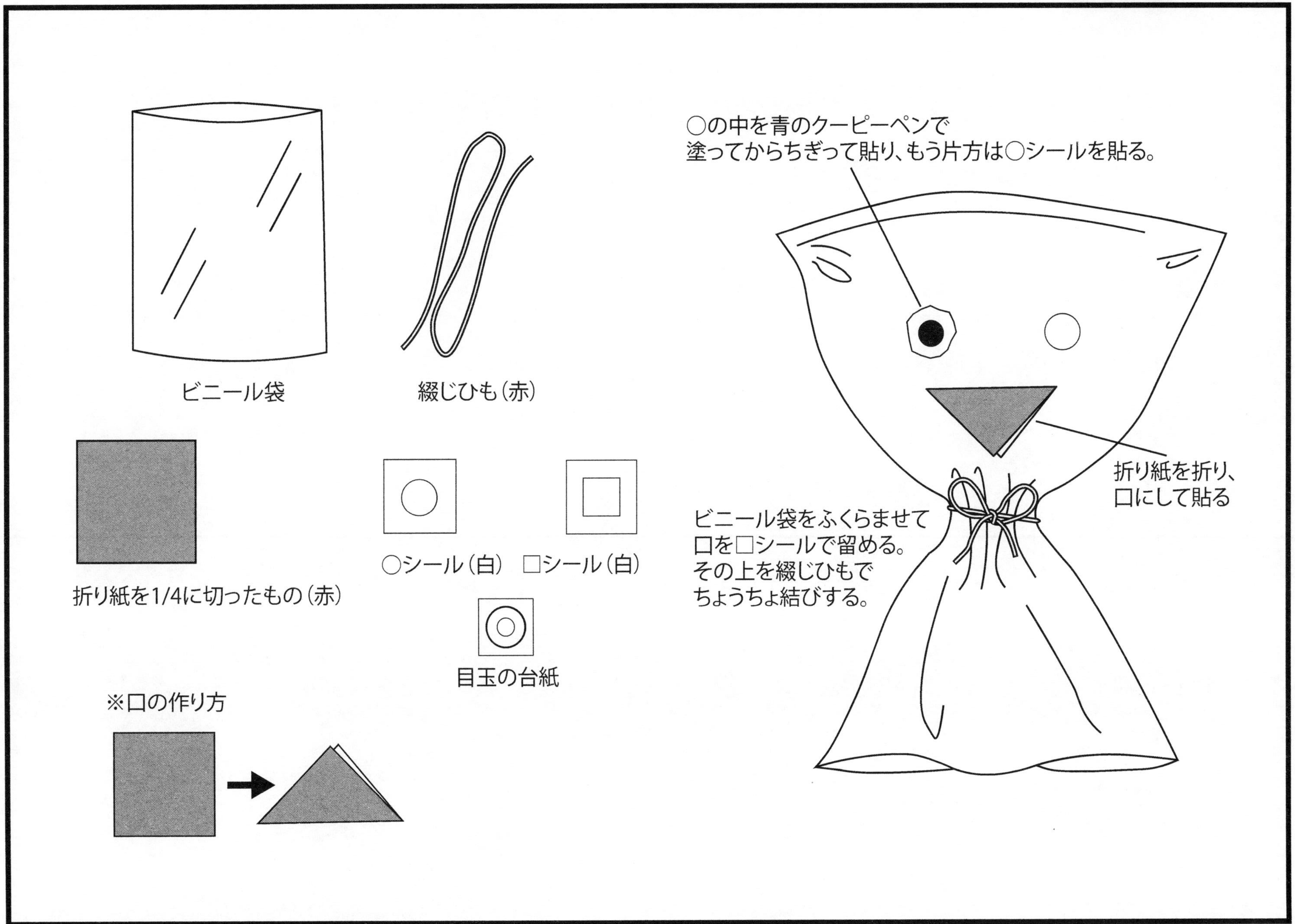
ビニール袋
綴じひも（赤）
折り紙を1/4に切ったもの（赤）
○シール（白）
□シール（白）
目玉の台紙
※口の作り方
○の中を青のクーピーペンで
塗ってからちぎって貼り、もう片方は○シールを貼る。
折り紙を折り、
口にして貼る
ビニール袋をふくらませて
口を□シールで留める。
その上を綴じひもで
ちょうちょ結びする。

問題16

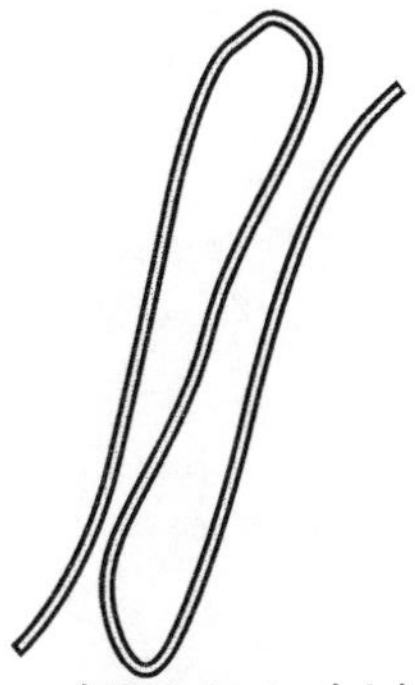

綴じひも（赤）

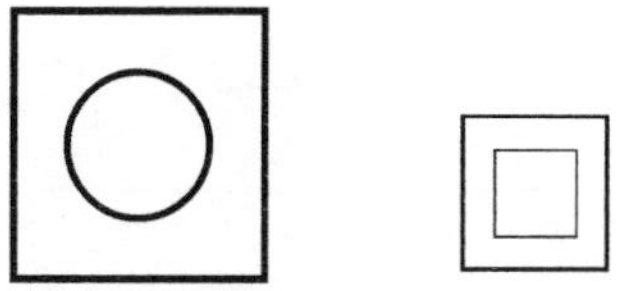

○の台紙と□のシール（黄色）

折り紙を1/4に切ったもの（赤）

※帽子の作り方

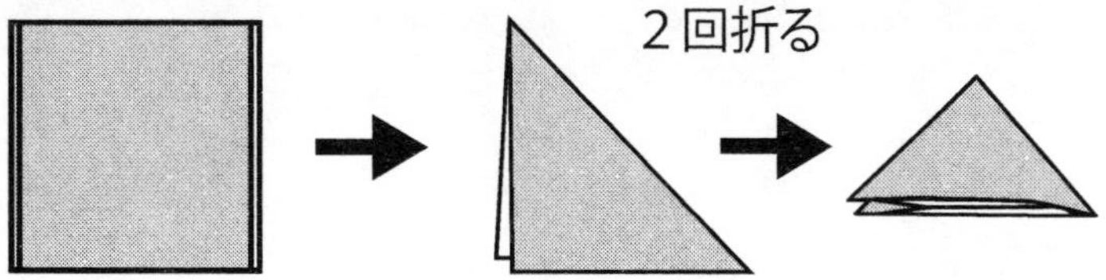

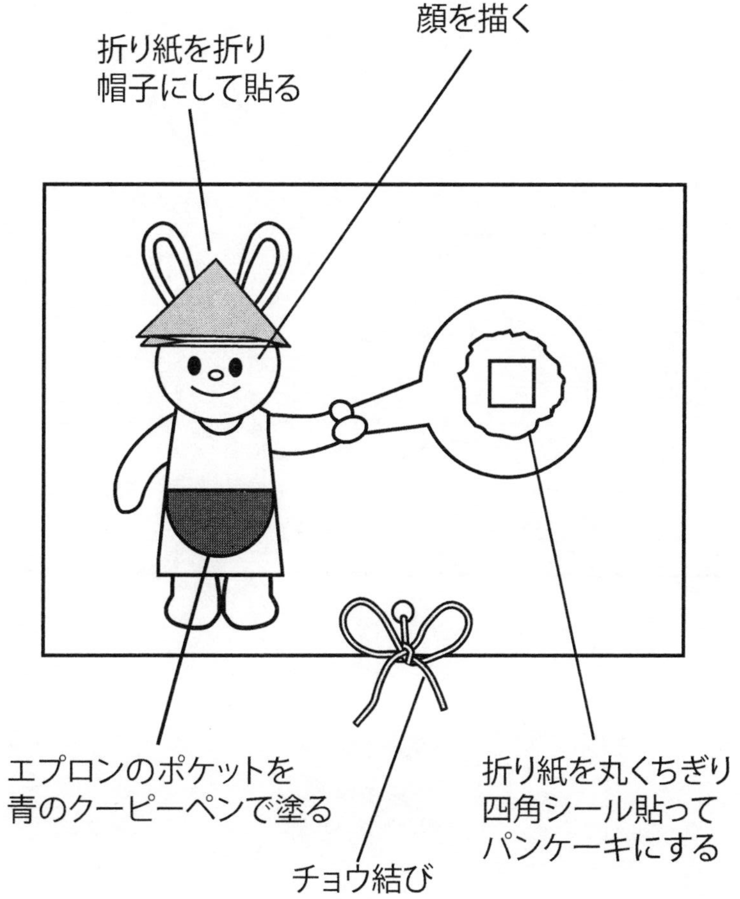

問題１７

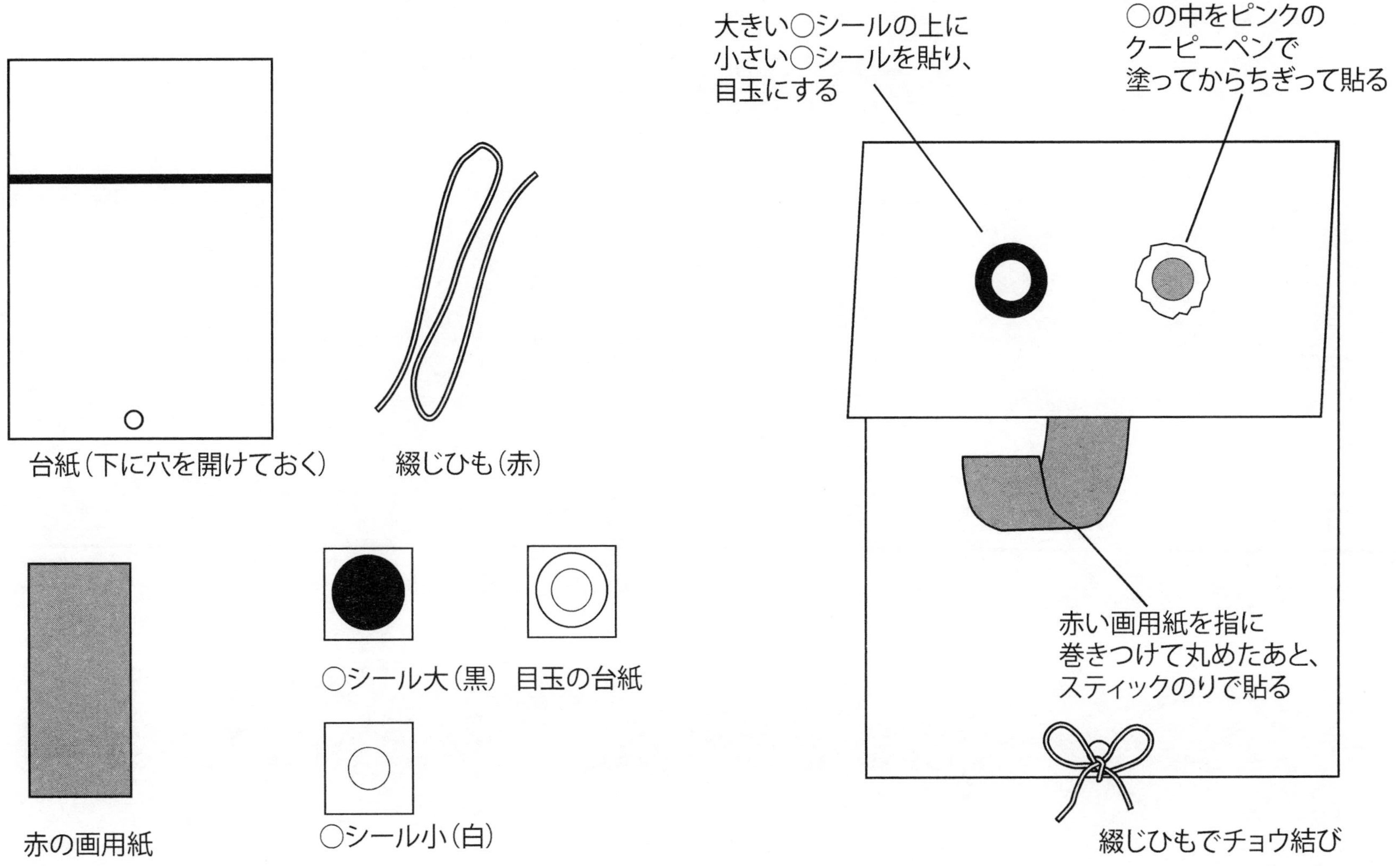

日本学習図書株式会社

問題18

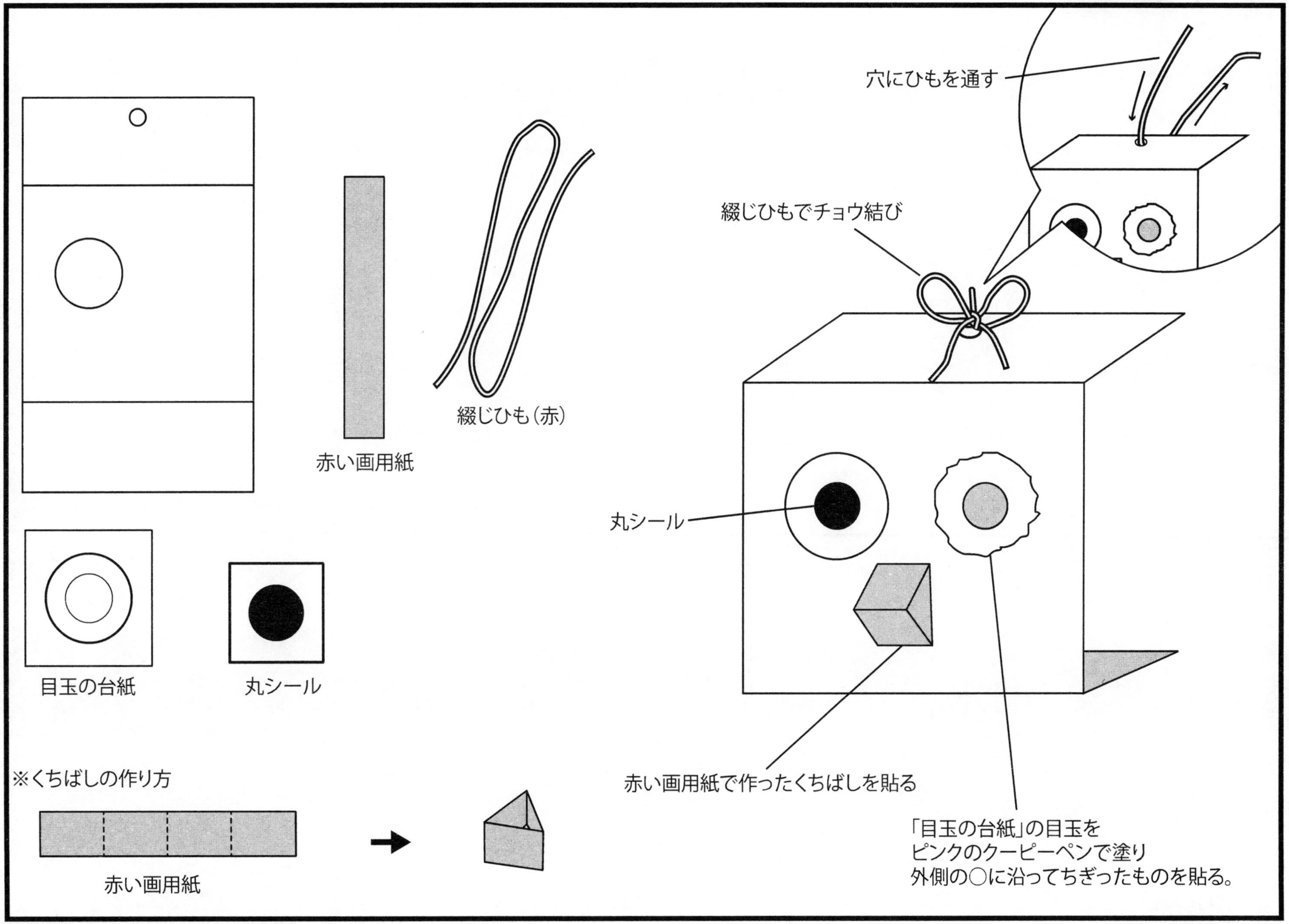

日本学習図書株式会社

問題１９

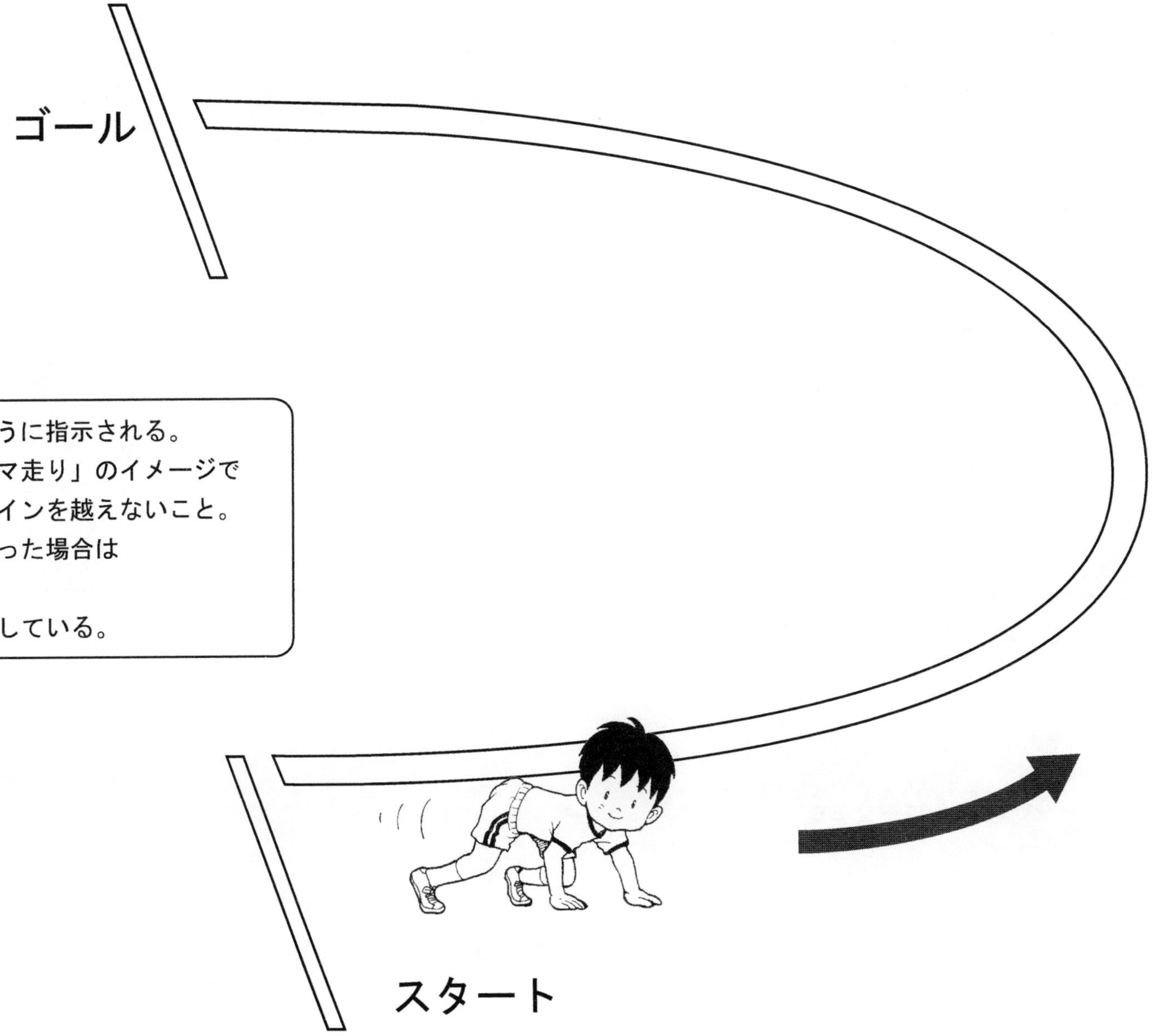

○できるだけ素早くできるように指示される。
　※「クマ歩き」よりも「クマ走り」のイメージで
○合図があるまでスタートラインを越えないこと。
○内側の白い線に入ってしまった場合は
　スタートからやり直し。
○試験担当者がタイムを測定している。

問題２１

①

②

③

④

⑤

⑥

⑦

⑧

問題２２

①

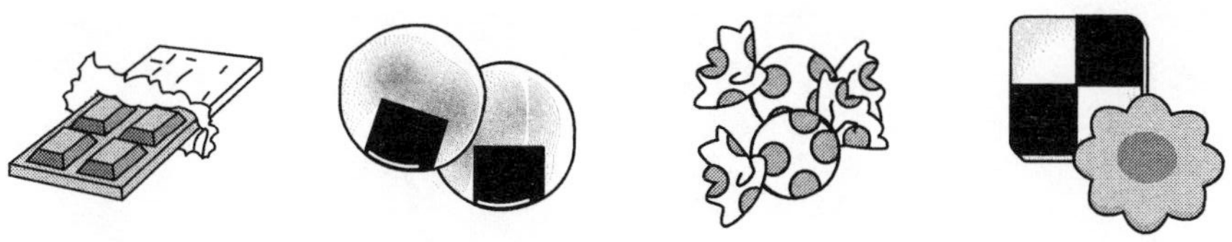

②

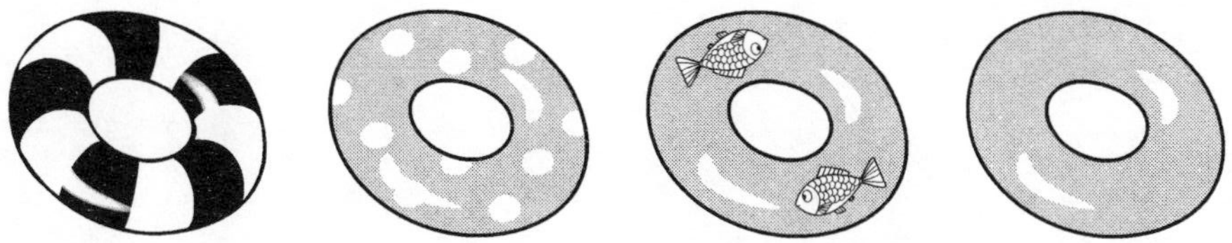

③

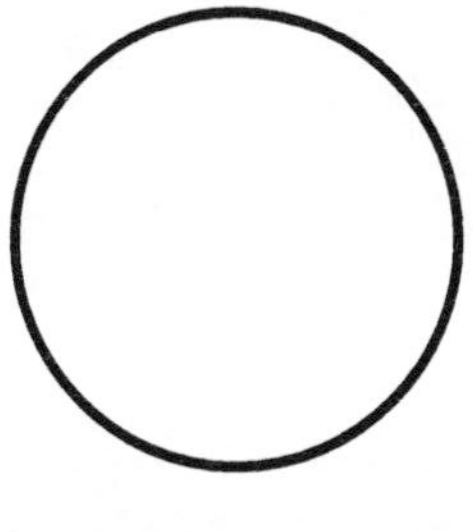

④

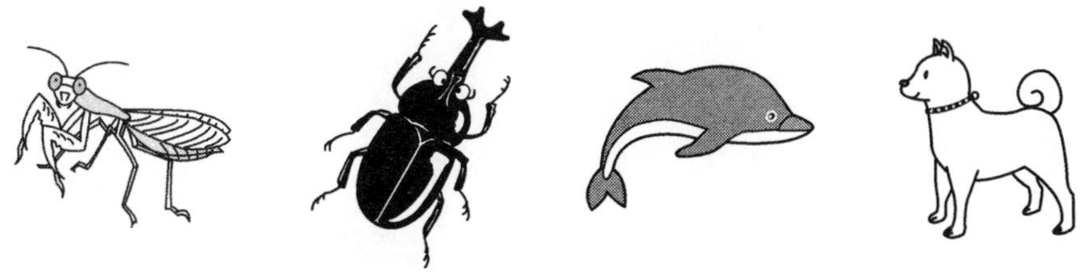

⑤

⑥

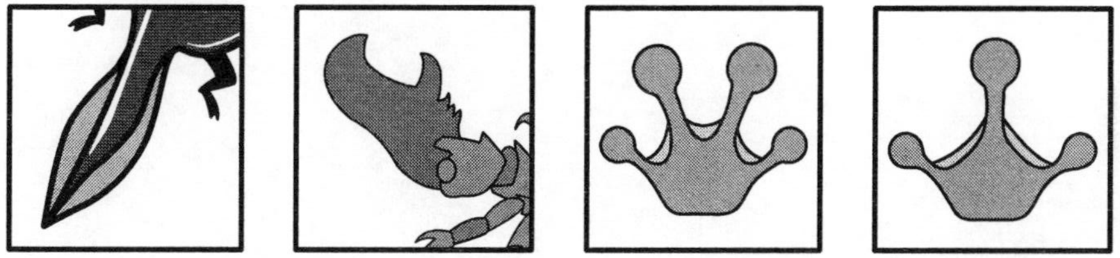

⑦

⑧

問題２３

①

②

③

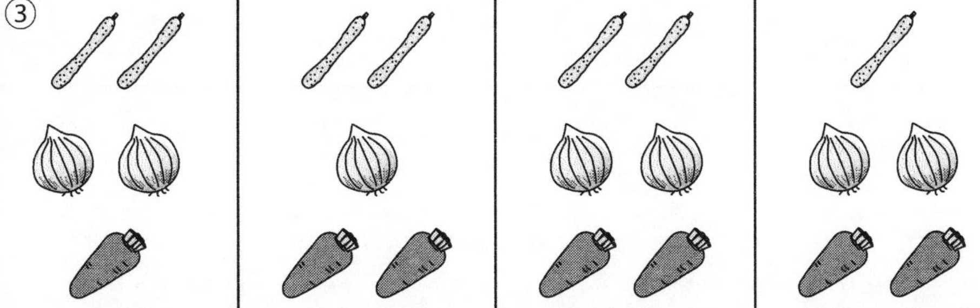

④

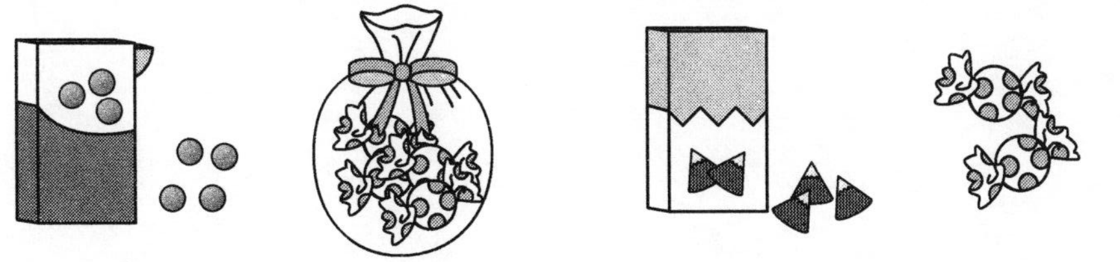

⑤

⑥

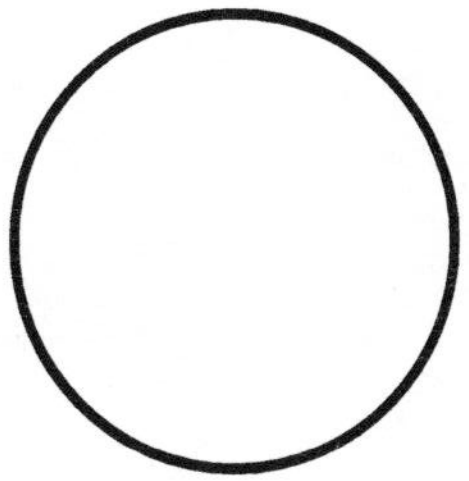

⑦

⑧

問題２４

①

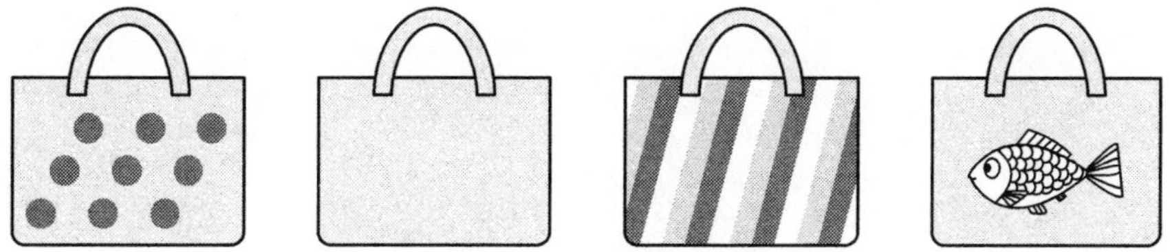

②

③

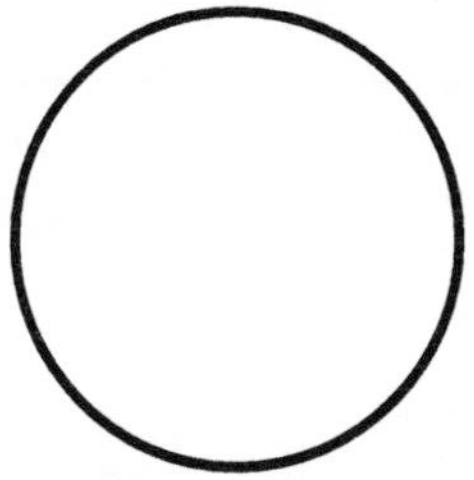

④

⑤

⑥

⑦

⑧

問題２５

①

②

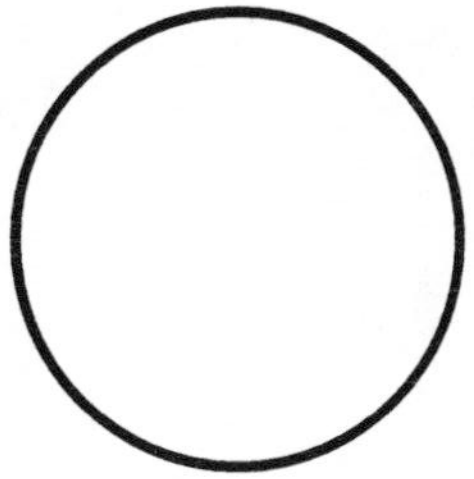

③

④

⑤

⑥

⑦

⑧

問題２６

①

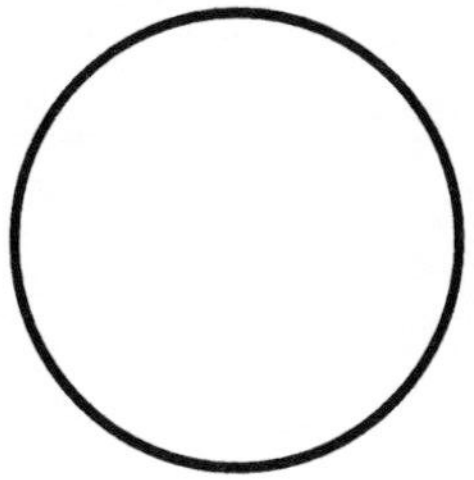

②

③

④

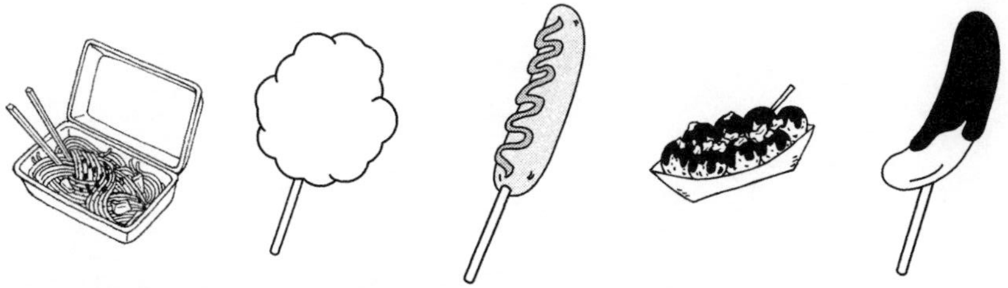

⑤

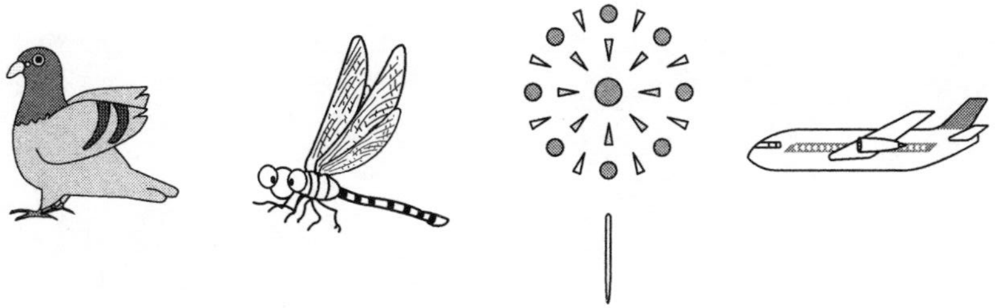

⑥

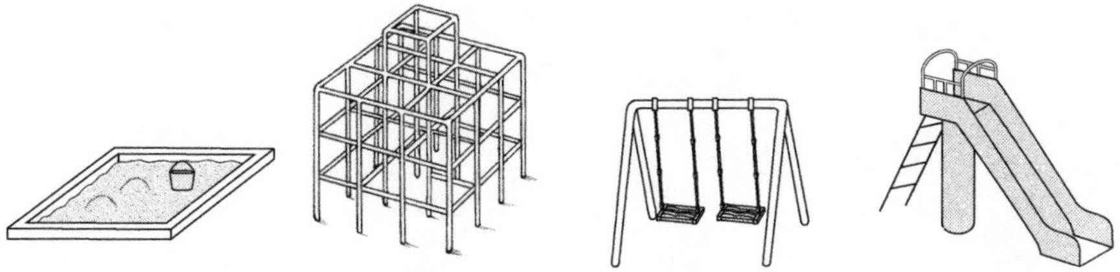

⑦

⑧

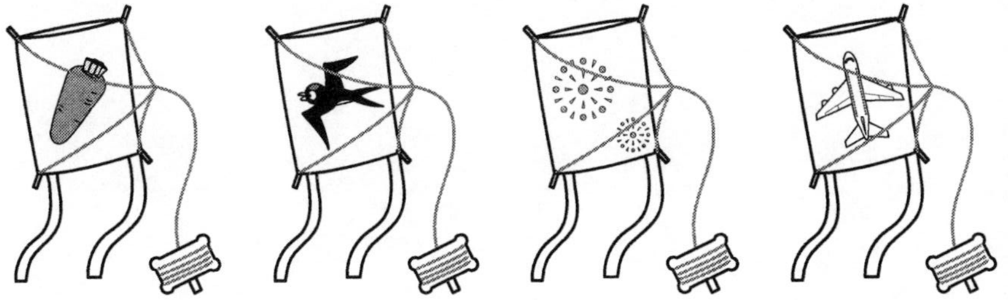

問題２７－１

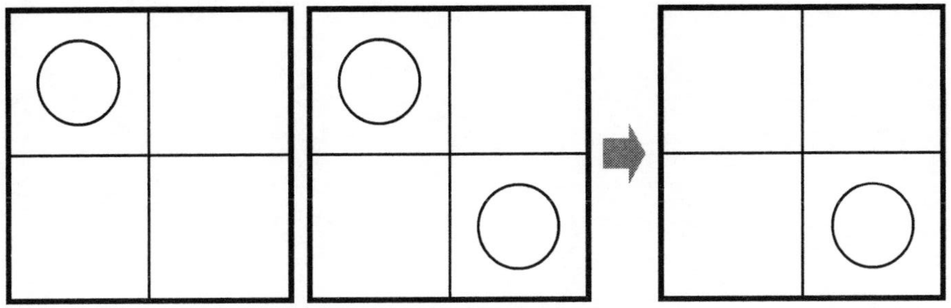

①

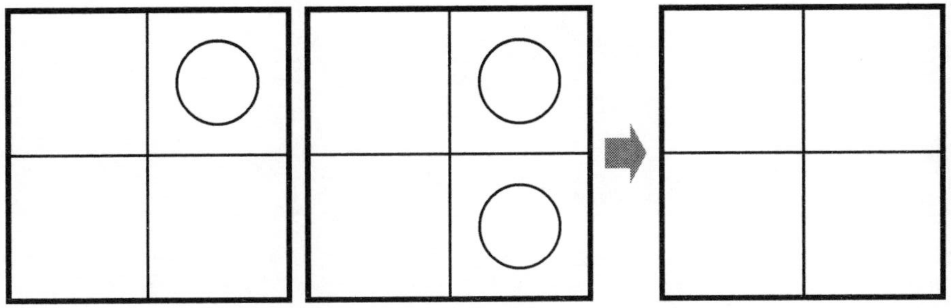

②

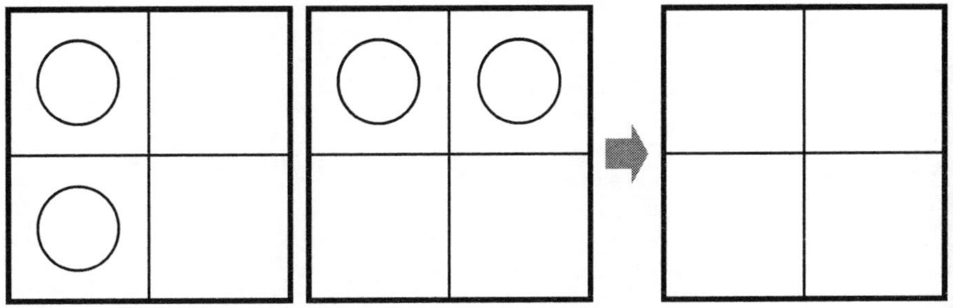

③

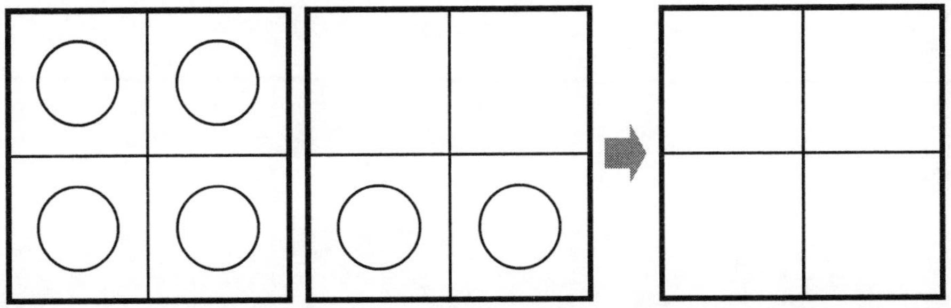

④

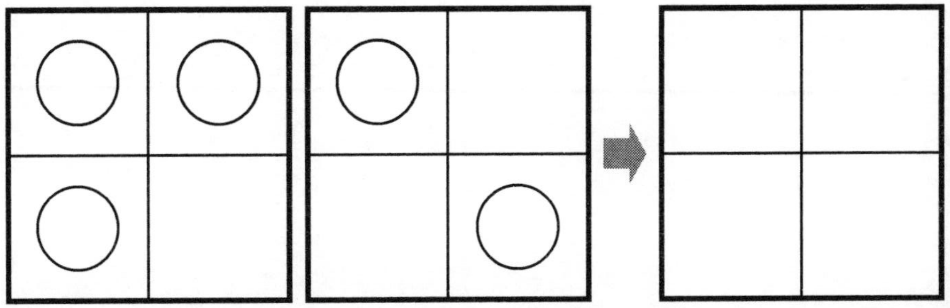

⑤

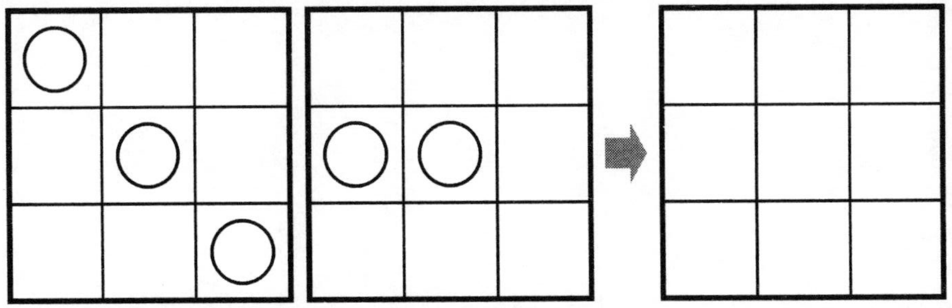

⑥

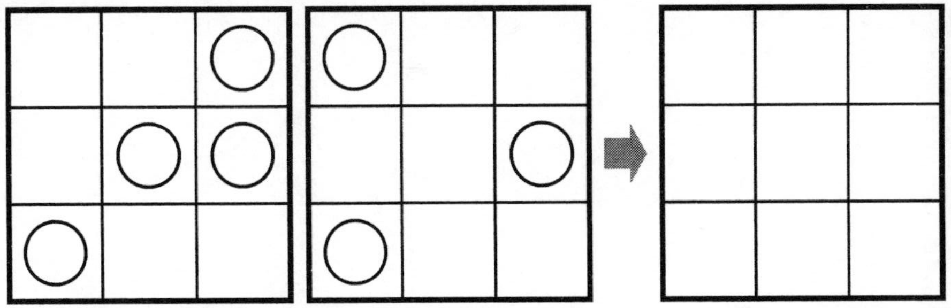

日本学習図書株式会社

問題27－2

⑦
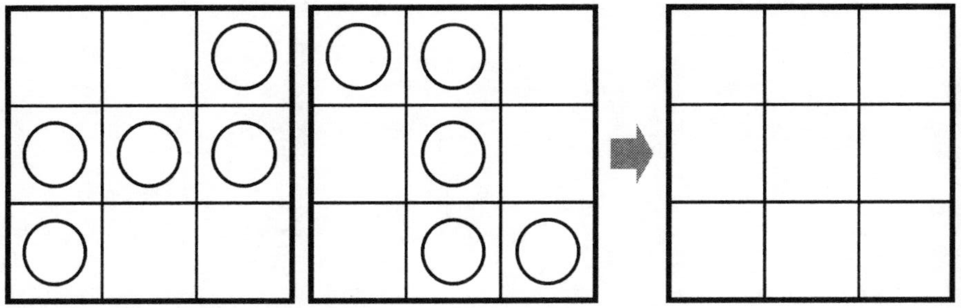

⑧
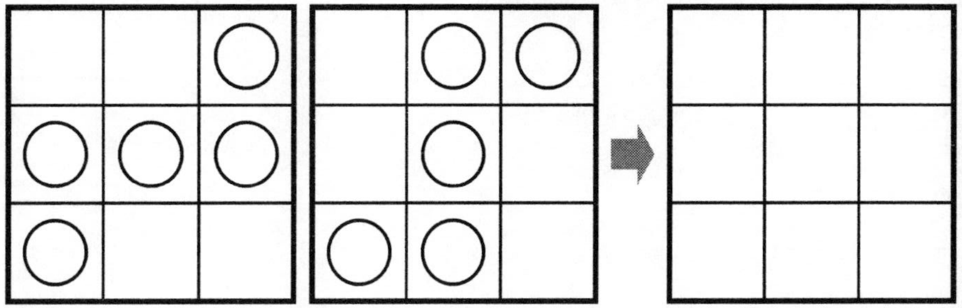

⑨
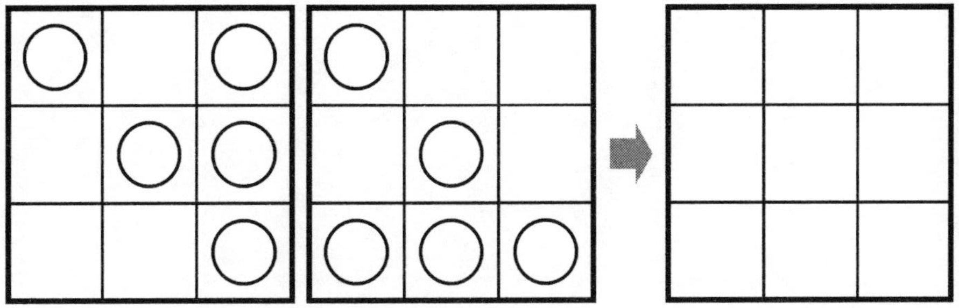

⑩
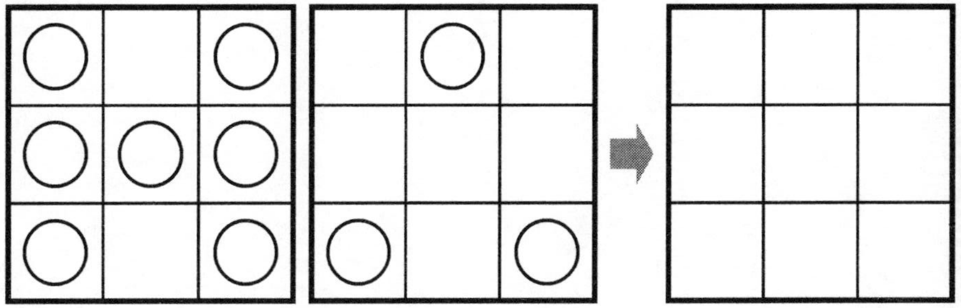

⑪
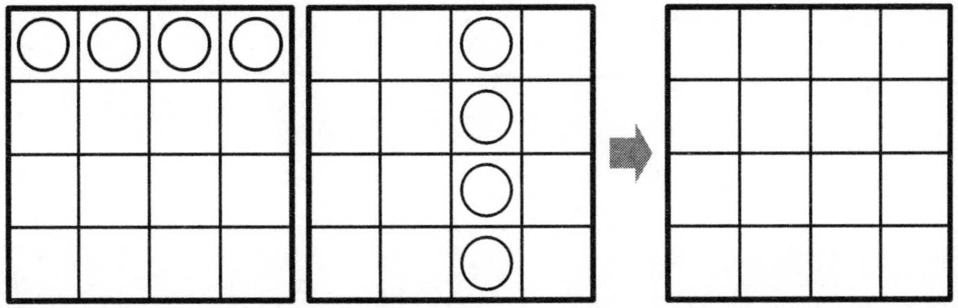

⑫
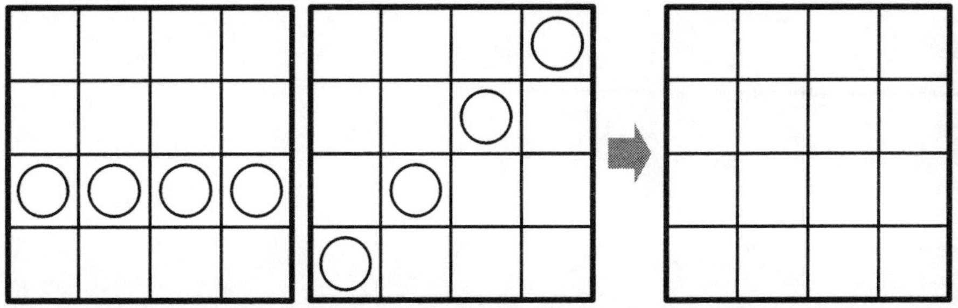

⑬
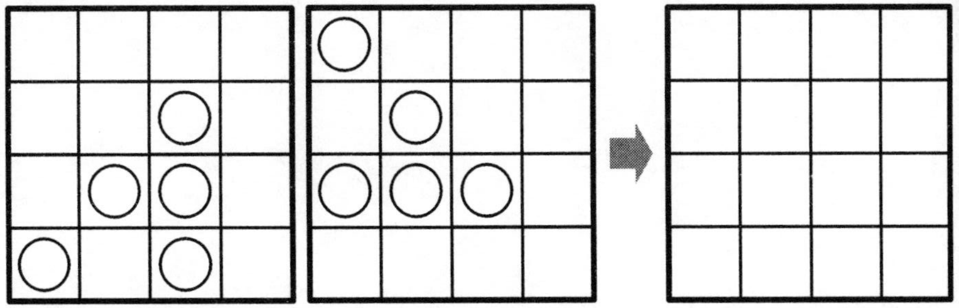

⑭
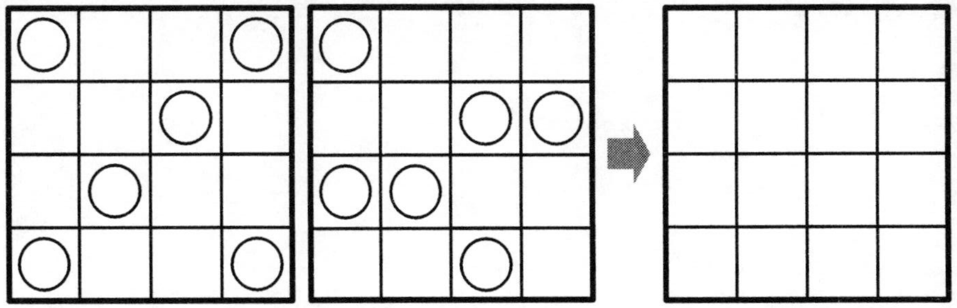

問題２８－１

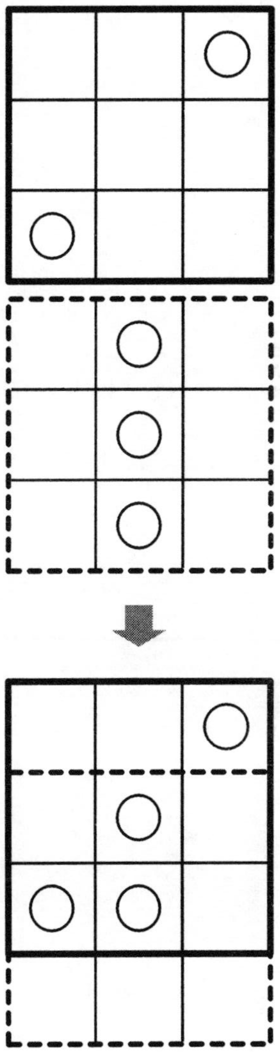

①

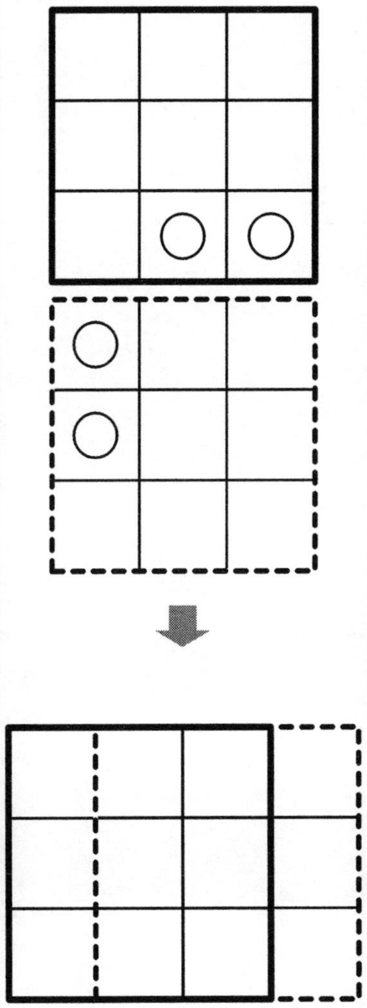

②

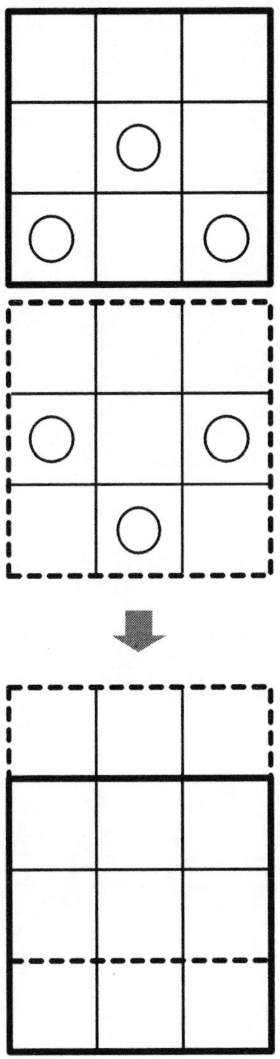

③

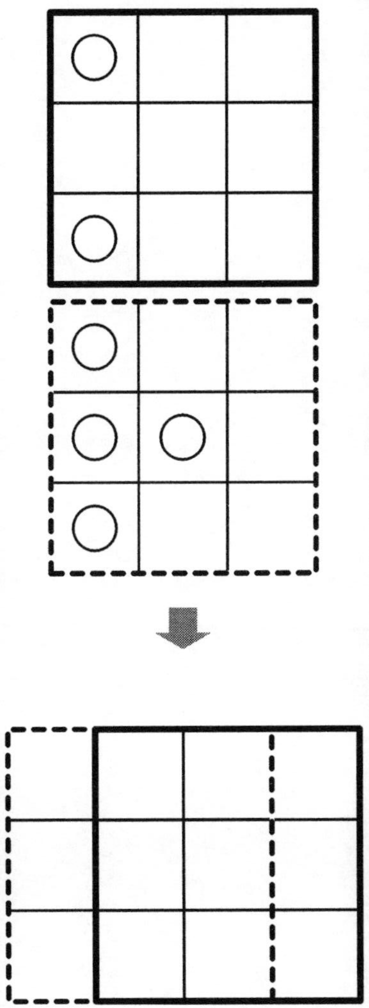

④

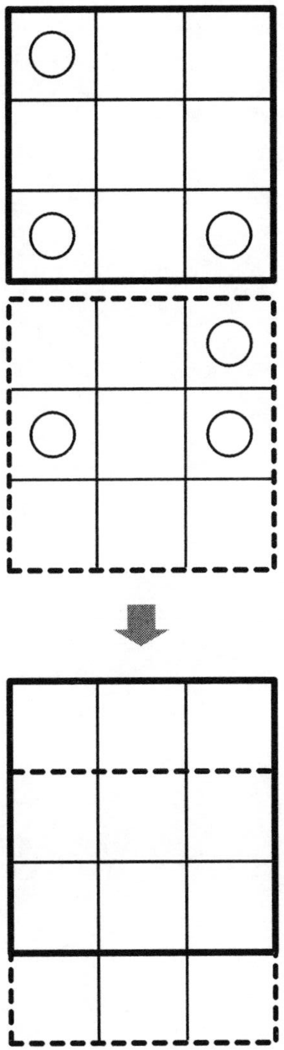

問題２８－２

⑤

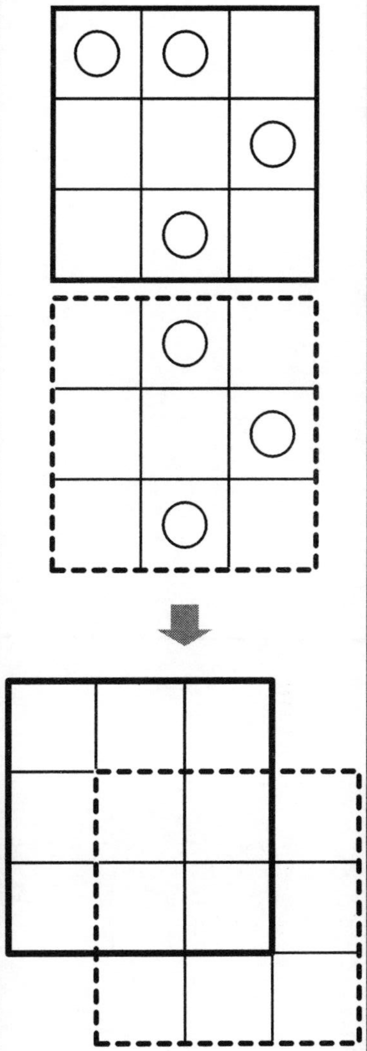

⑥

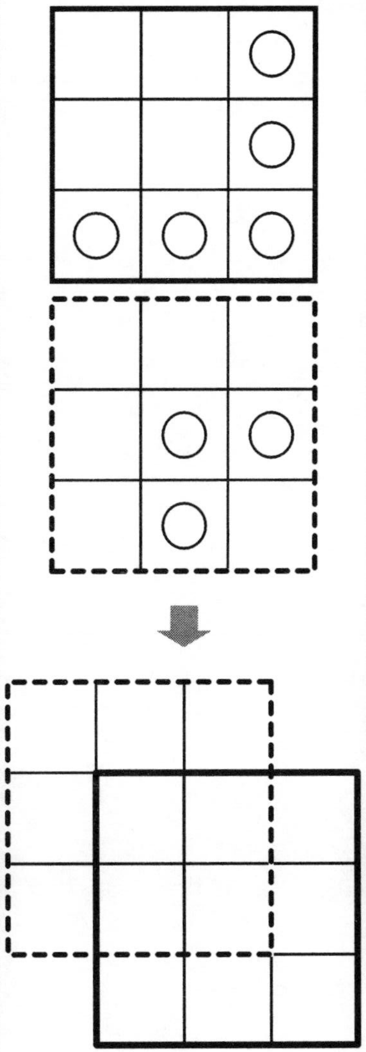

⑦

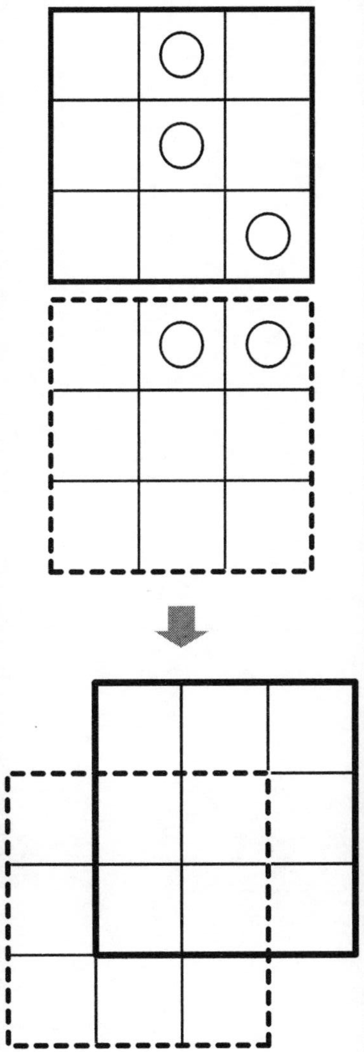

⑧

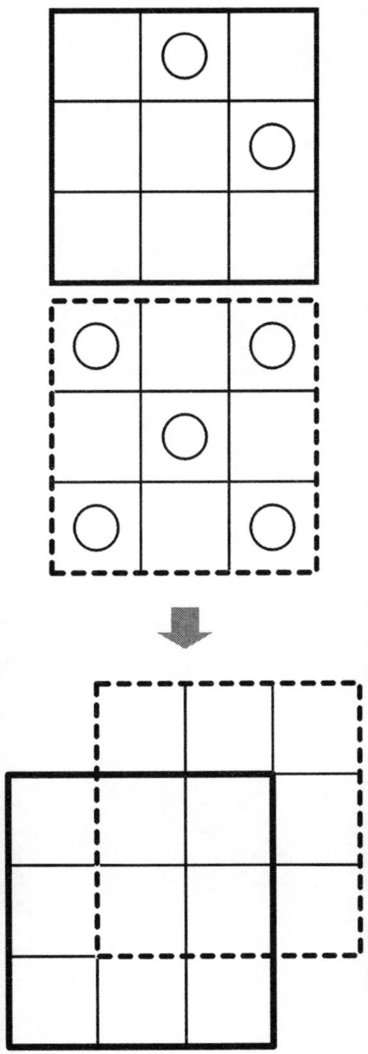

⑨

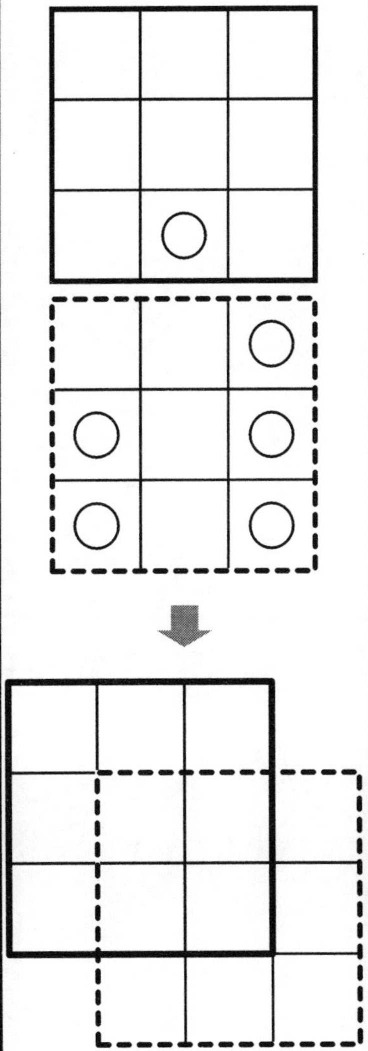

日本学習図書株式会社

2021年度　筑波大学附属　過去　無断複製／転載を禁ずる

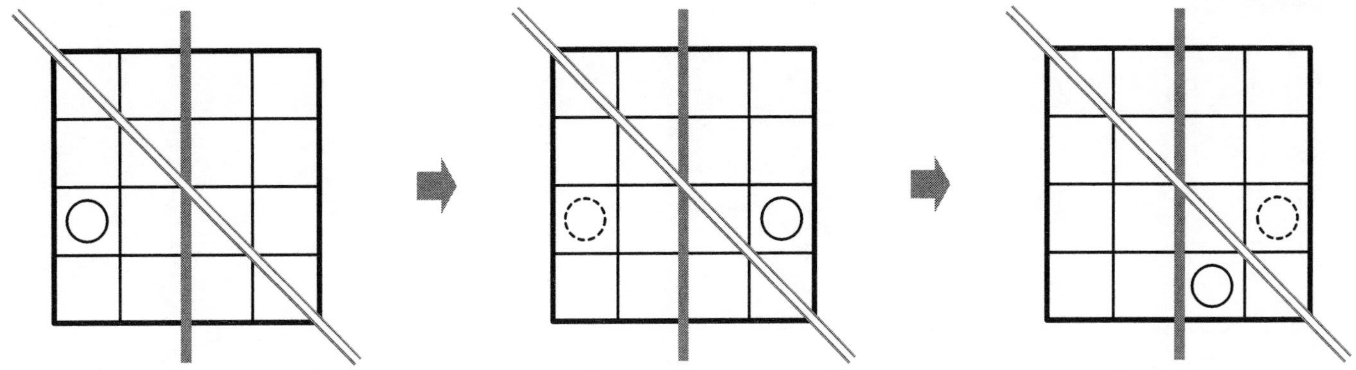

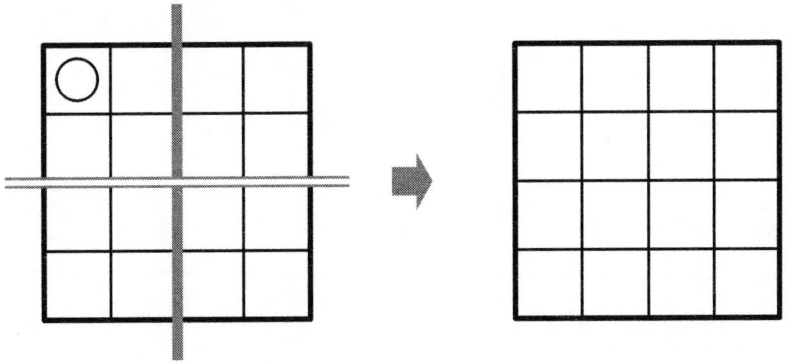

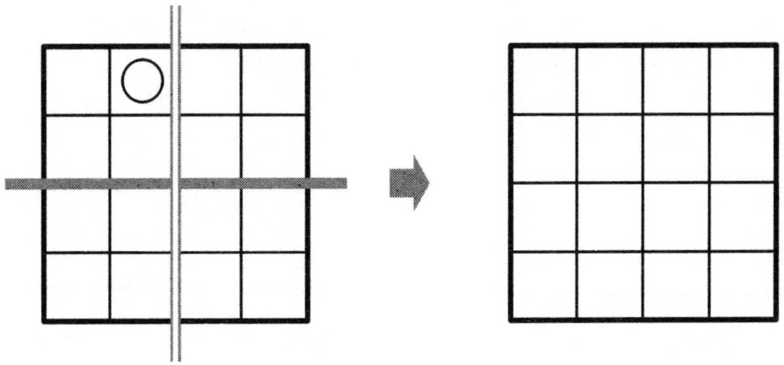

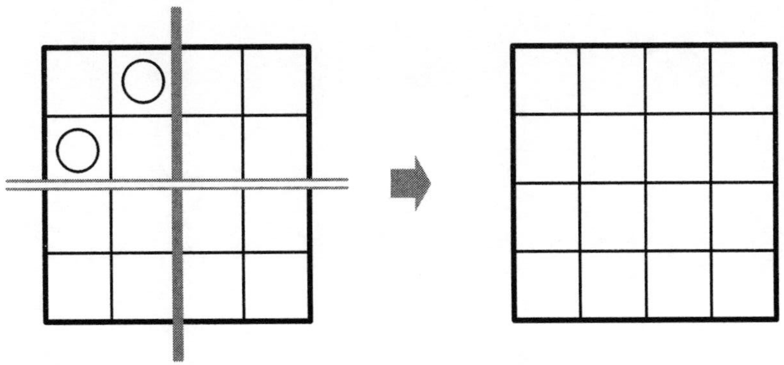

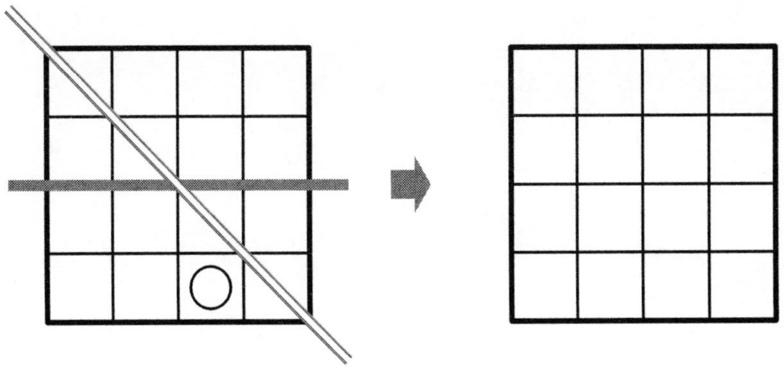

問題29－2

⑤
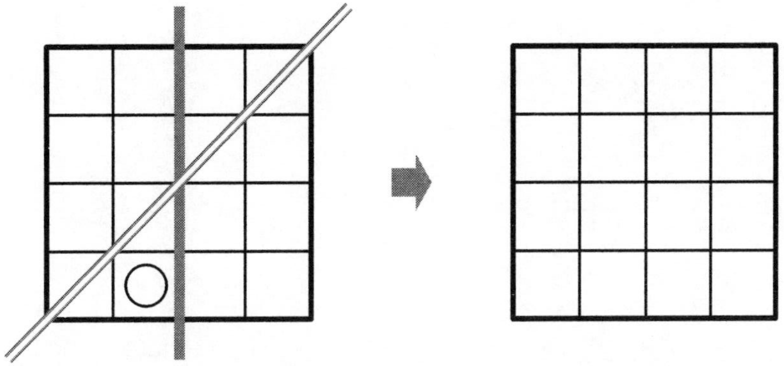

⑥
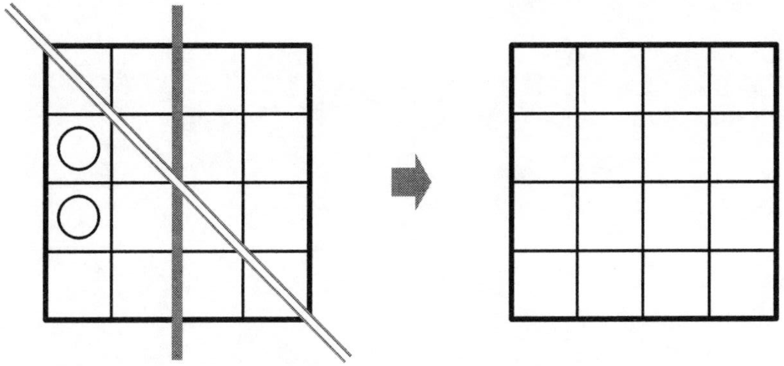

⑦
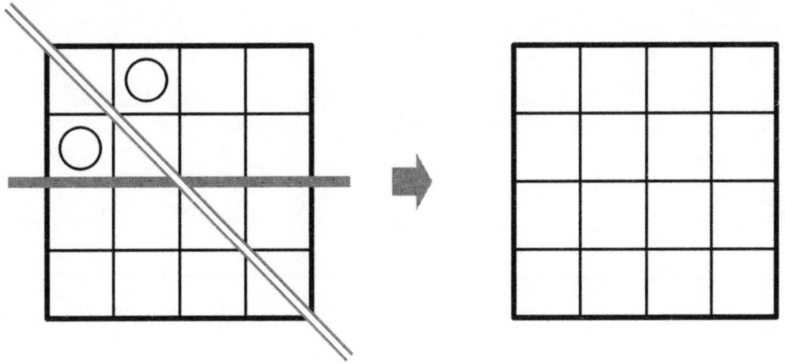

⑧
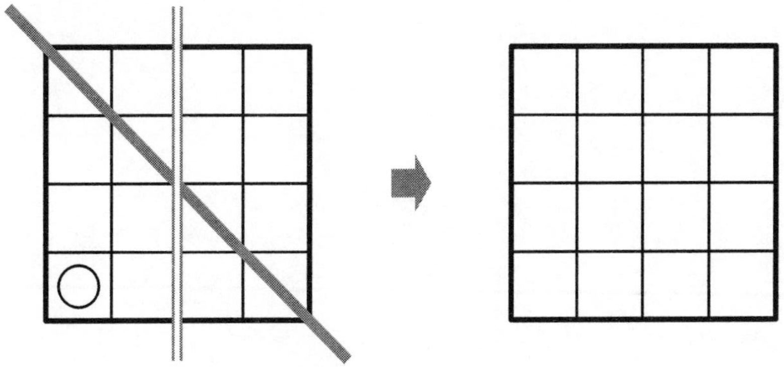

⑨
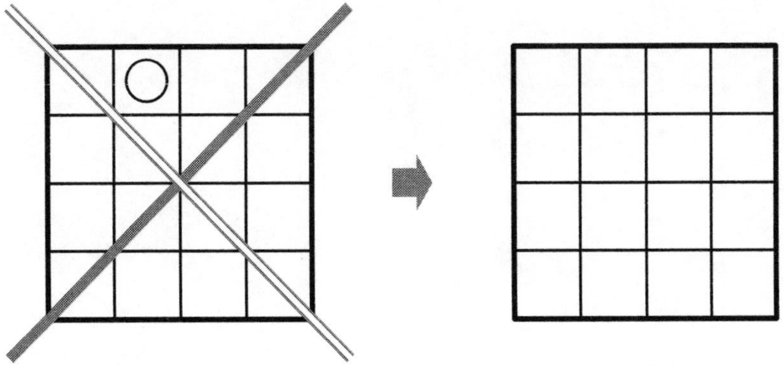

⑩
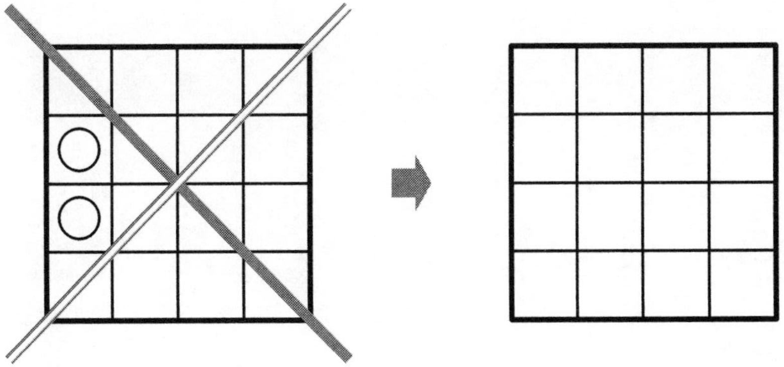

問題30－1

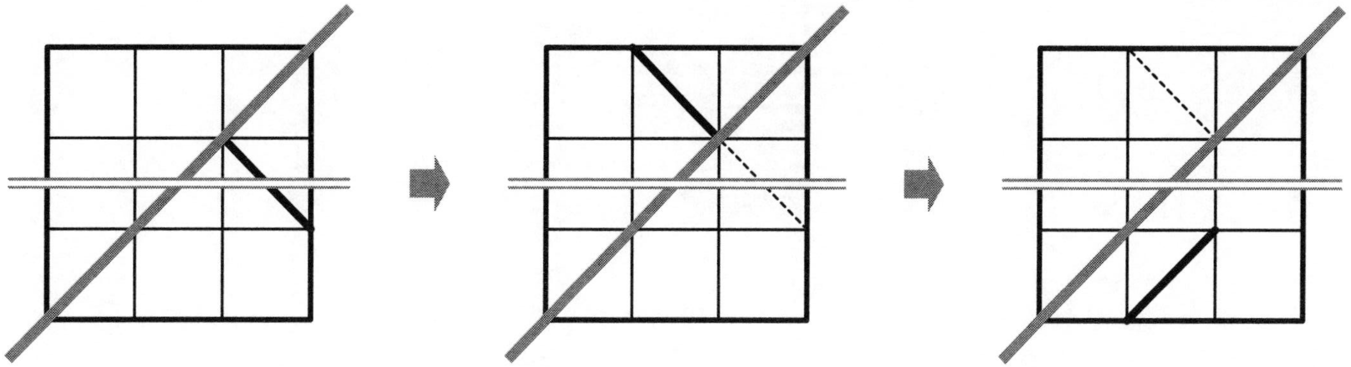

①

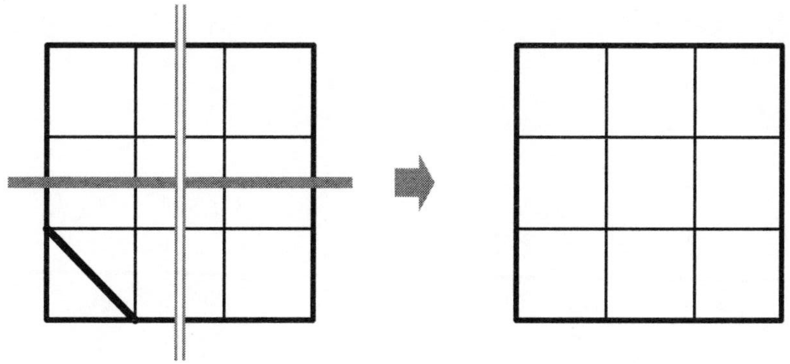

②

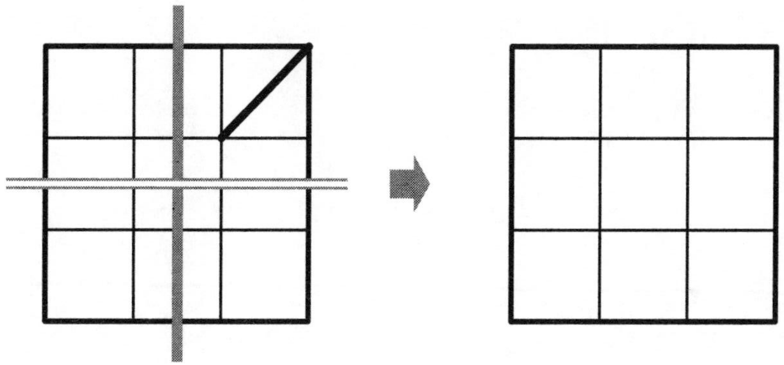

③

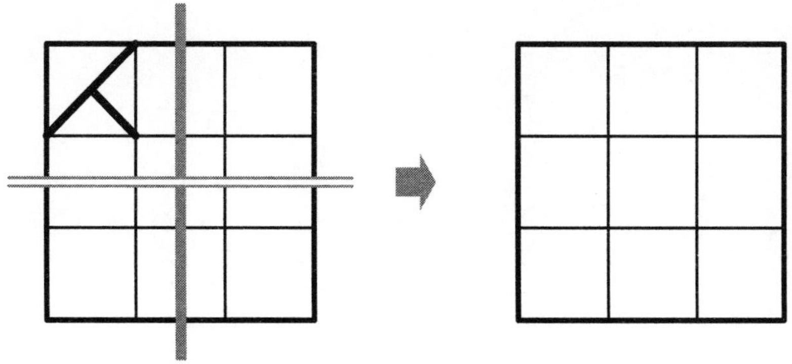

④

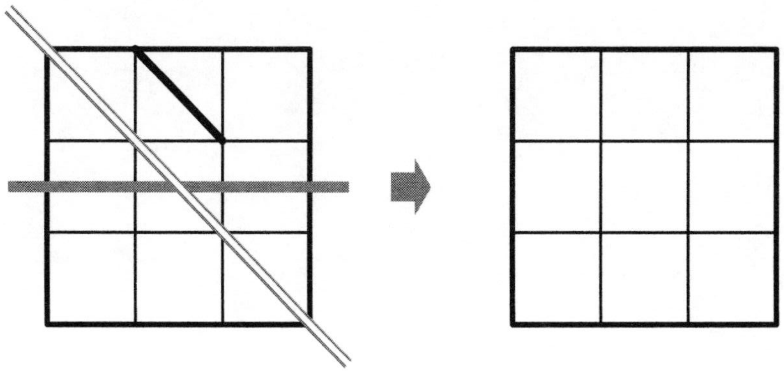

問題30－2

⑤

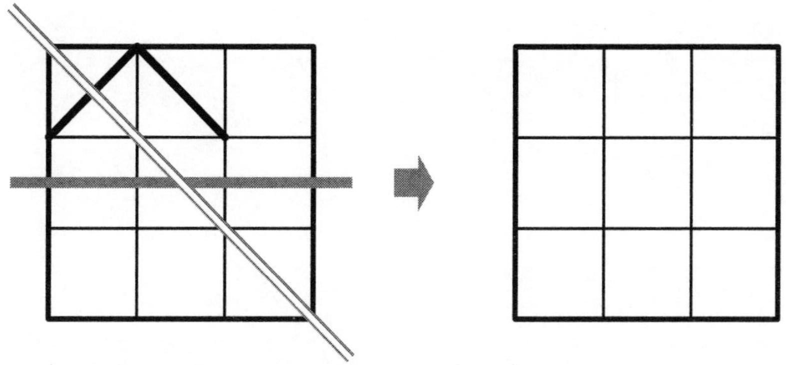

⑥

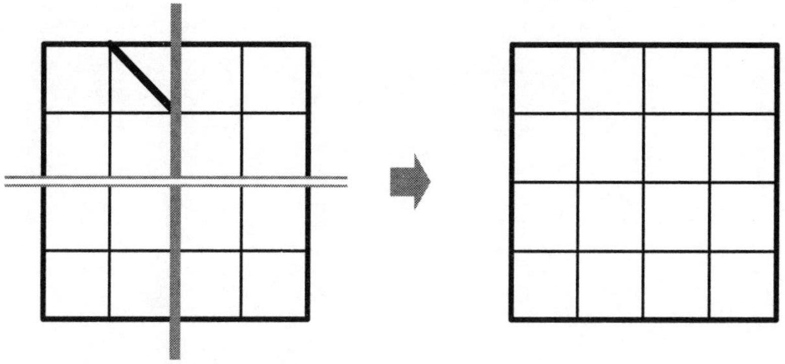

⑦

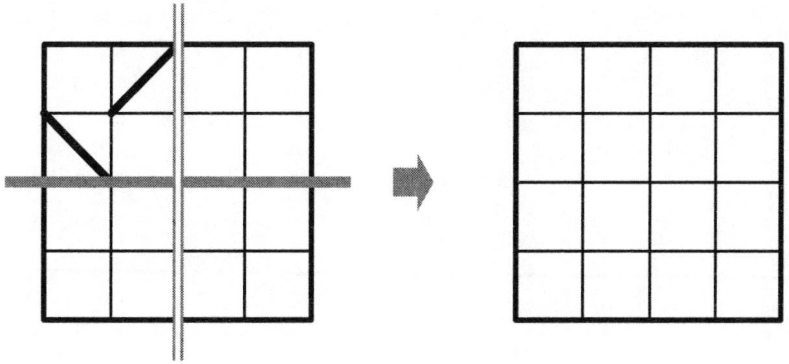

⑧

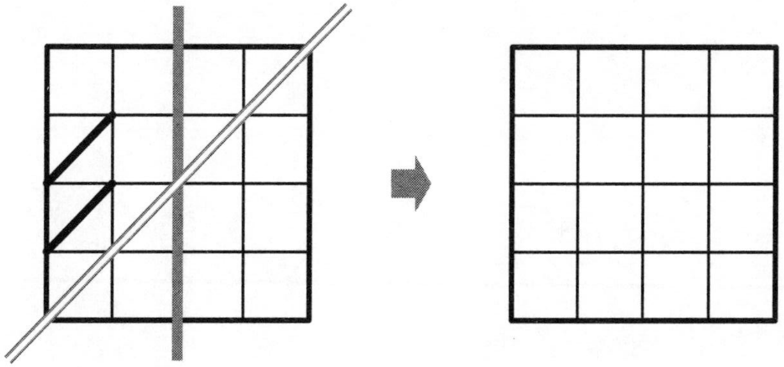

⑨

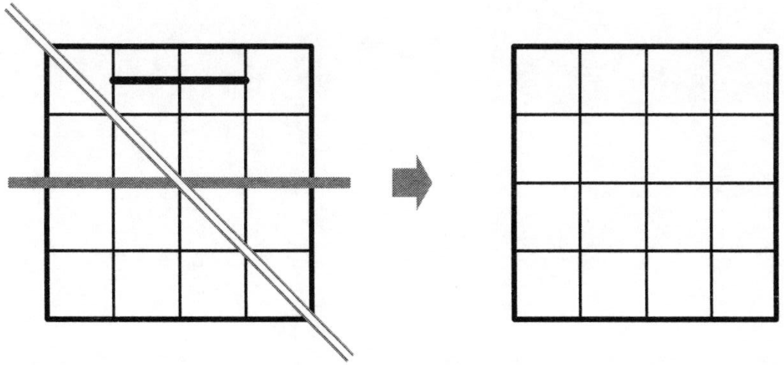

⑩

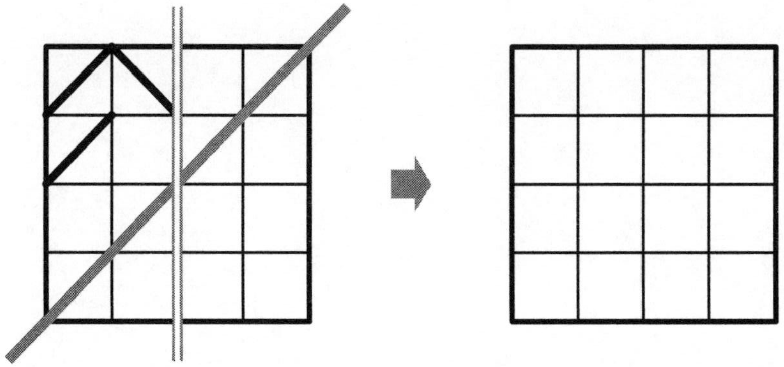

日本学習図書株式会社

問題3 1－1

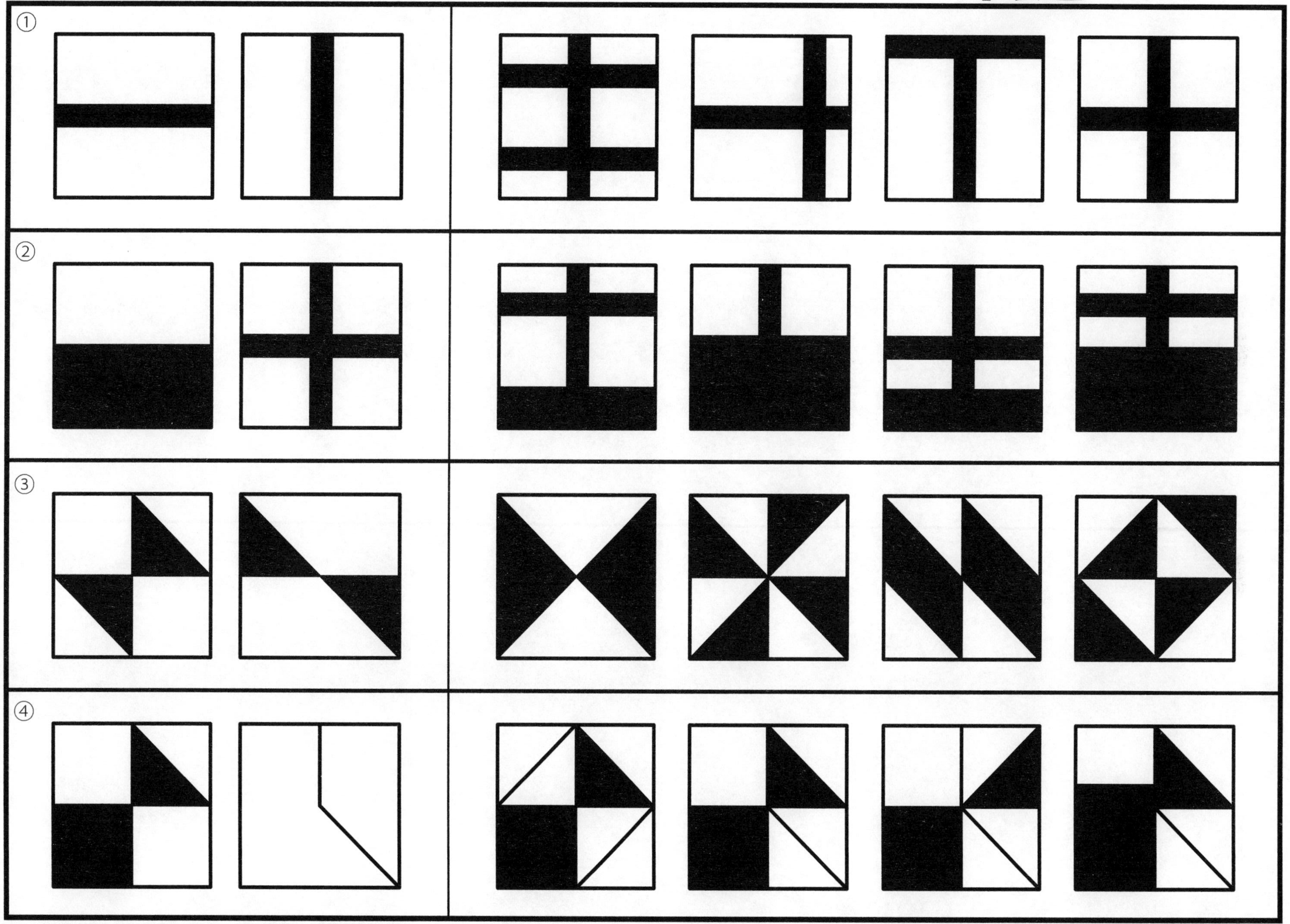

問題3 1－2

⑤

⑥

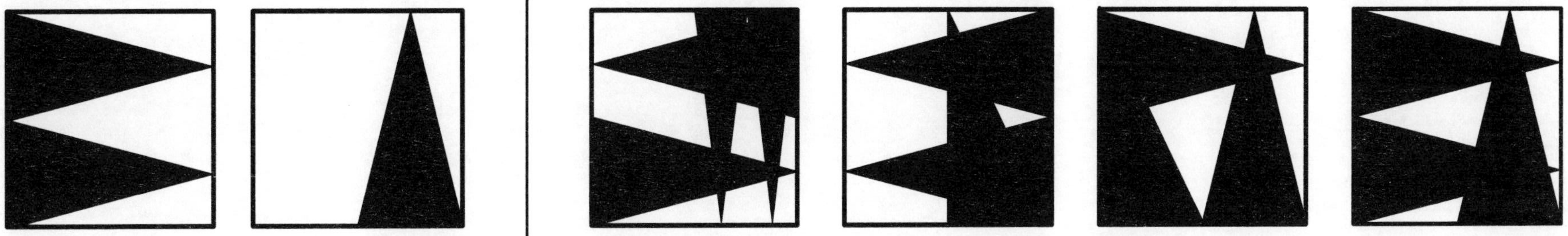

⑦

⑧

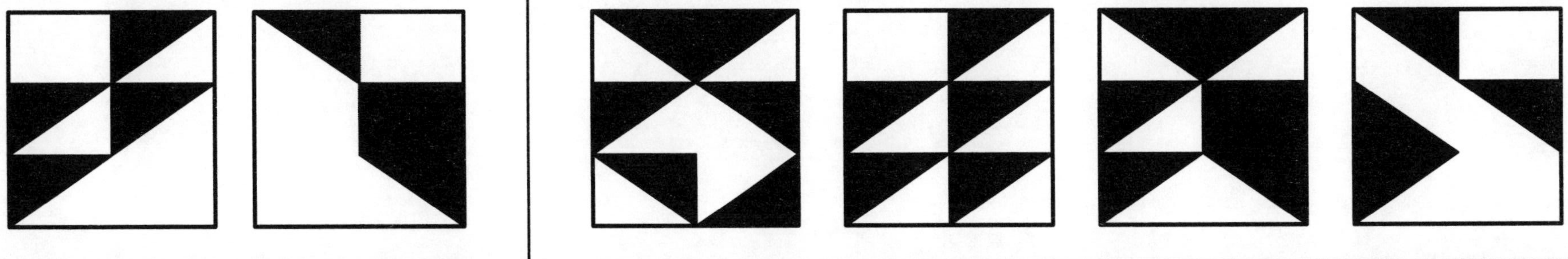

問題31-2

問題32－1

①

②

③

④

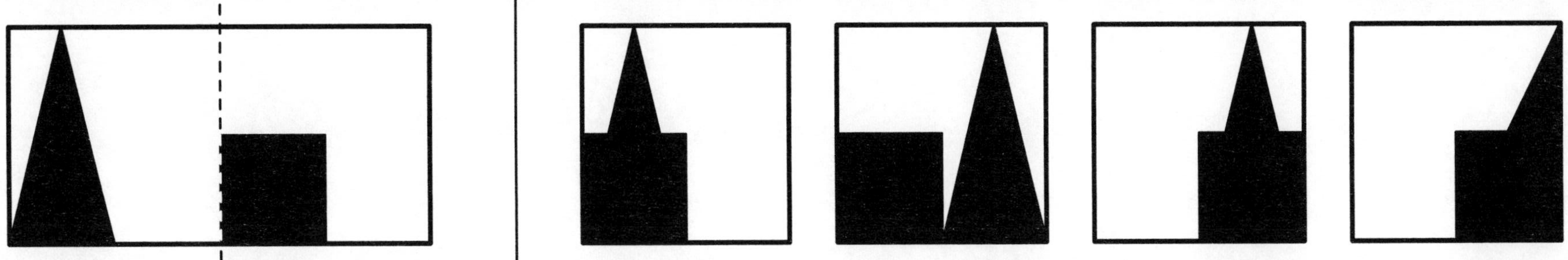

問題3 2－2

⑤

⑥

⑦

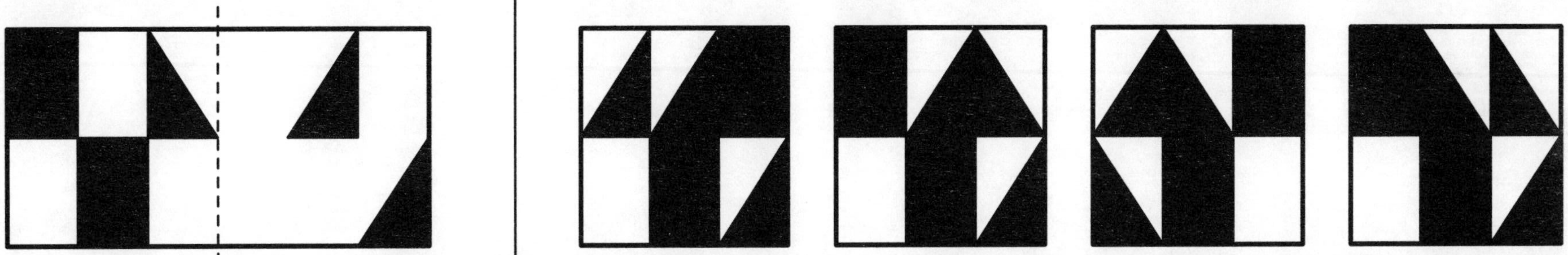

⑧

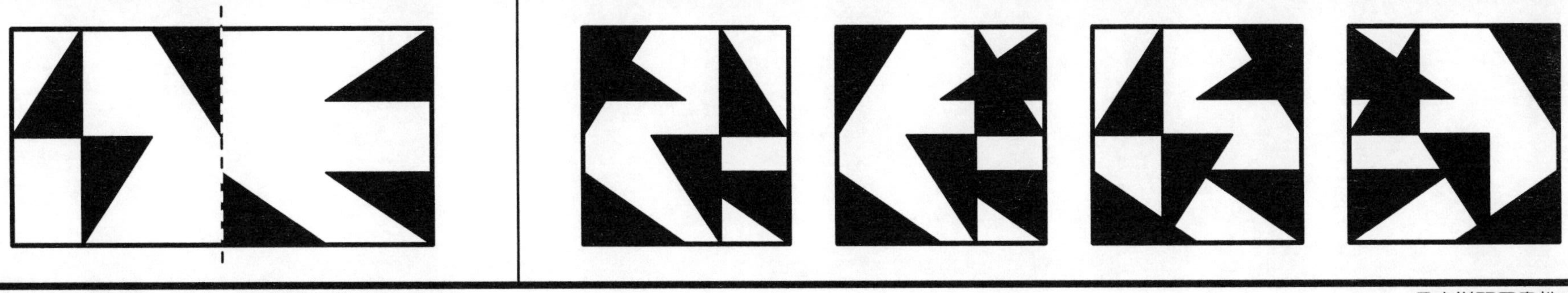

問題３３－１

①○の中に目、鼻、口を描き、まわりを手でちぎる。

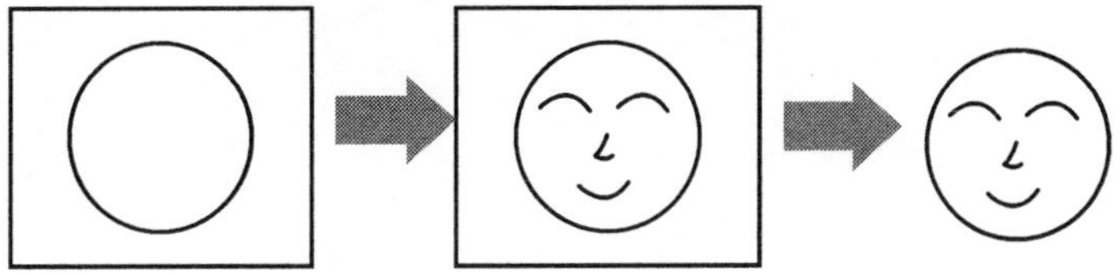

②粘土で玉を作り、竹串の先に刺す。

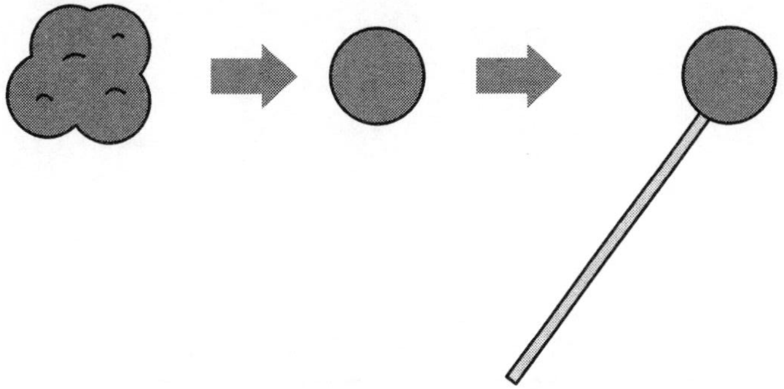

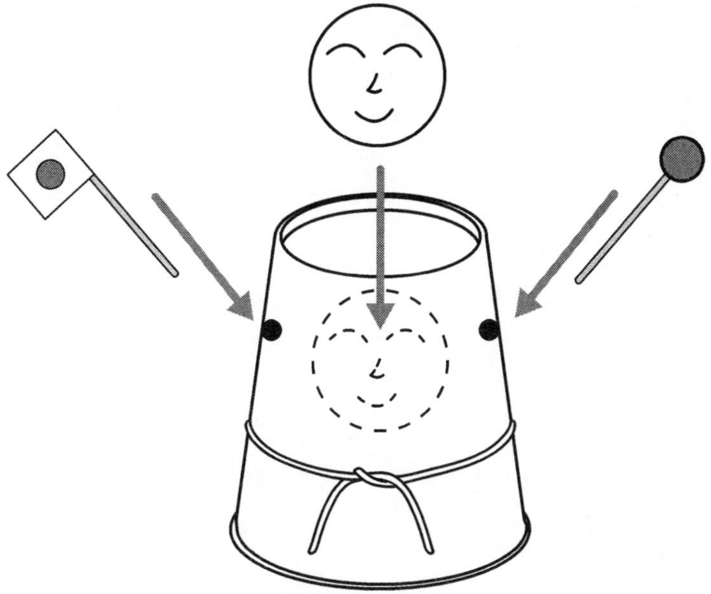

④紙コップに①を貼り、側面の穴に②③を刺す。
下の方にひもを巻き、ちょう結びをする。

③折り紙を２回折る。その中央に竹串をシールで止める。紙をもう１度折ってからシールで止め、日の丸を描く。

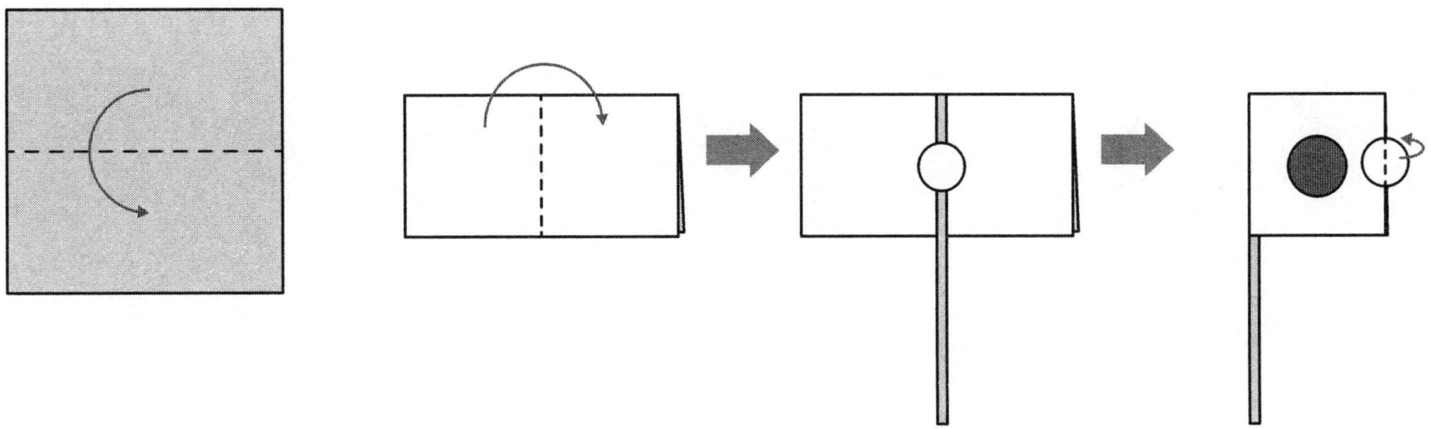

日本学習図書株式会社

問題３３－２

完成図

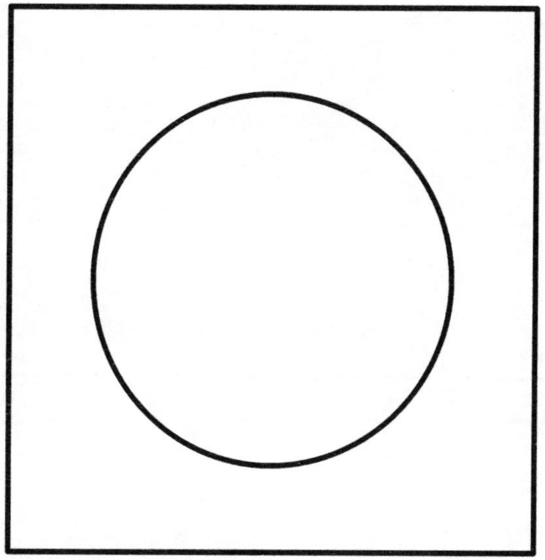

日本学習図書株式会社

問題３４－１

①○の中にオレンジ色のクーピーペンで花を描く。
まわりを手でちぎる。

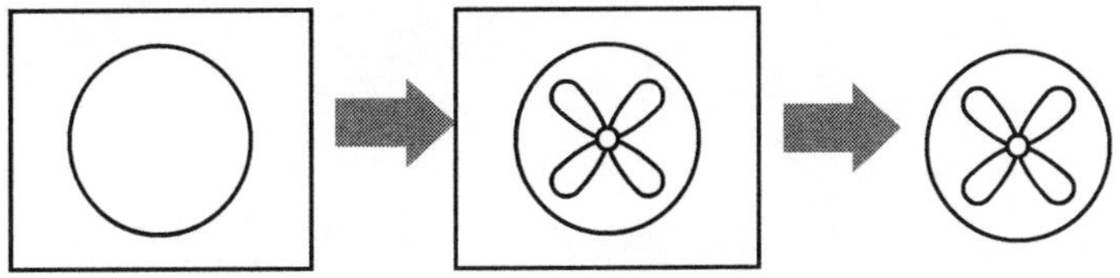

②折り紙を４つに折る。

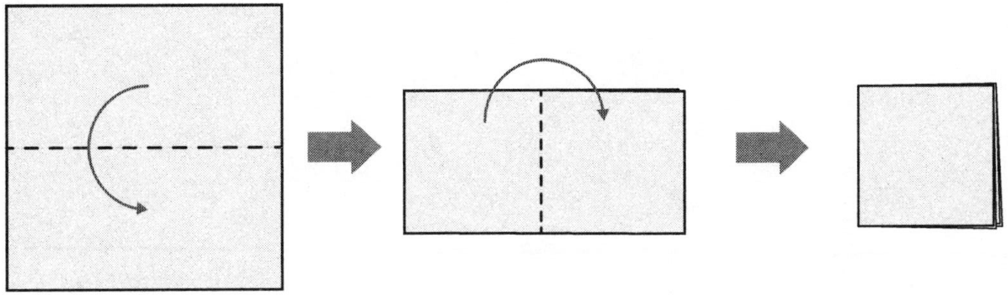

③ビニール袋の上の部分を、外側に折り返し、シールで止める。

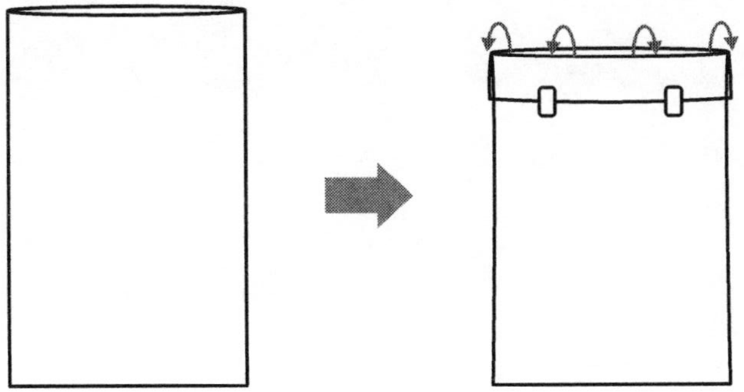

④折ったところにひもを通し、片結びにする。

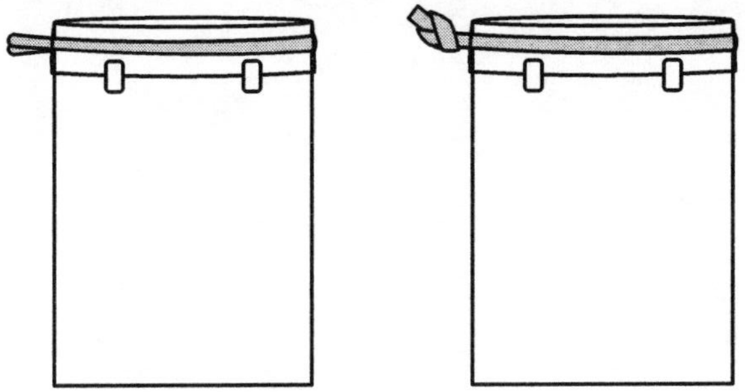

⑤袋の中に、①の花と②の折り紙を入れる。

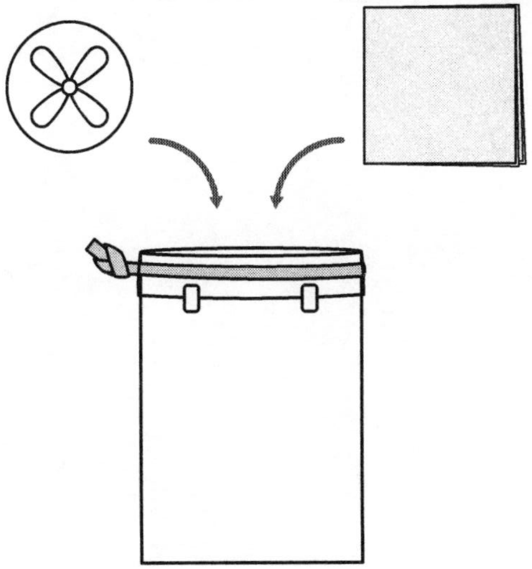

日本学習図書株式会社

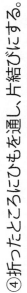

問題3 4－2

完成図

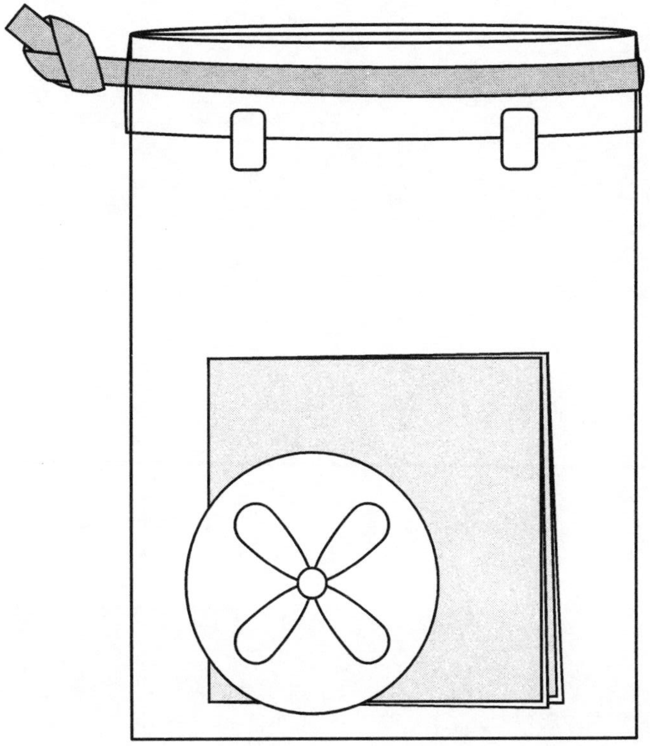

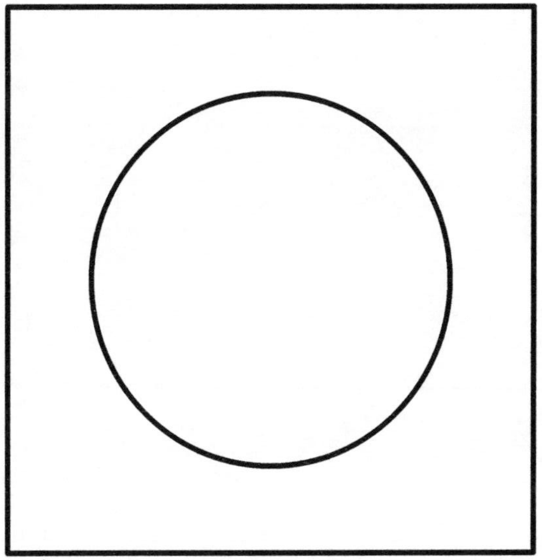

問題３５－１

①○の中の☆を黄色で塗り、まわりを手でちぎる。

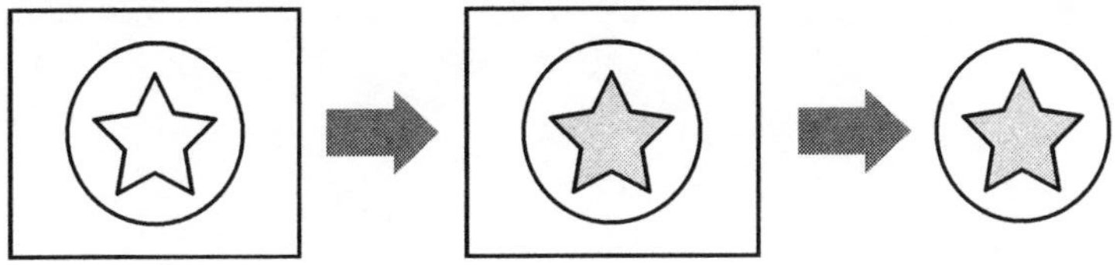

②折り紙を斜めに４つ折りにしてから、上の１枚をもう１回半分に折る。

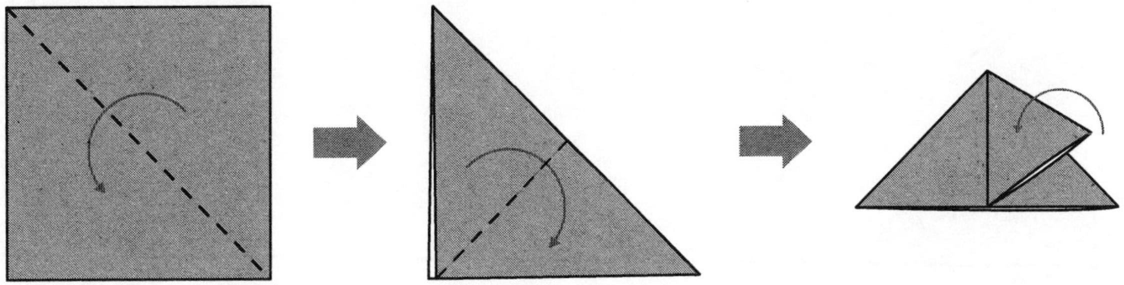

③紙皿に赤い線を引き、その上に①を貼る。

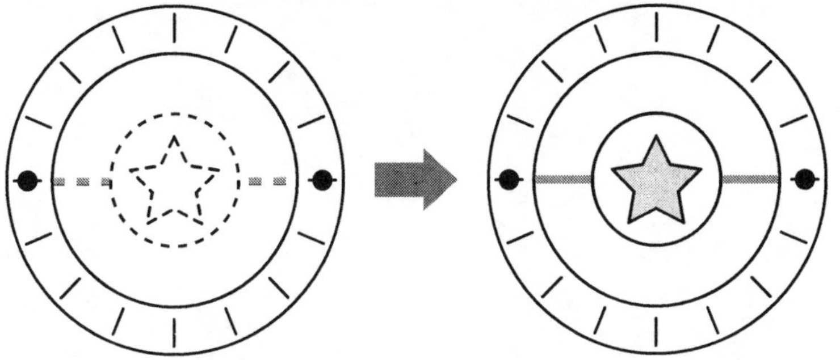

④もう１つの紙皿に、②を貼る。

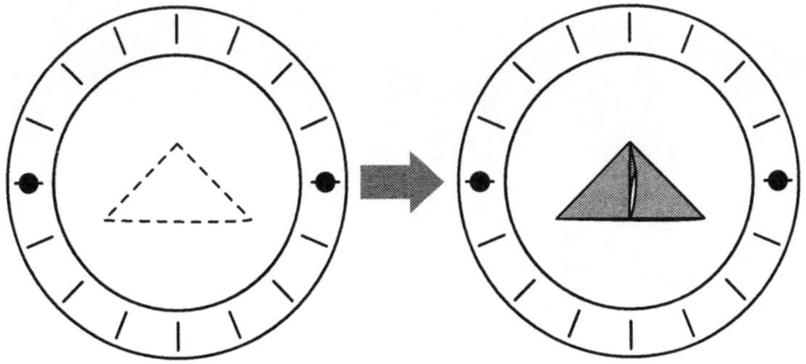

⑤２枚の紙皿を図のように重ねて
下からひもを通して、ちょう結びをする。

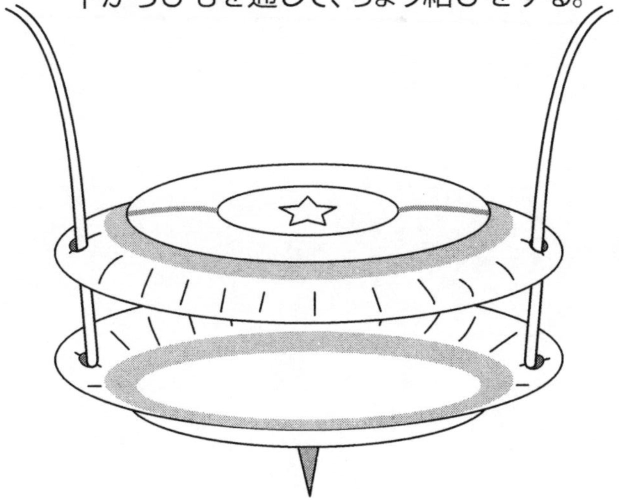

問題35－2

完成図

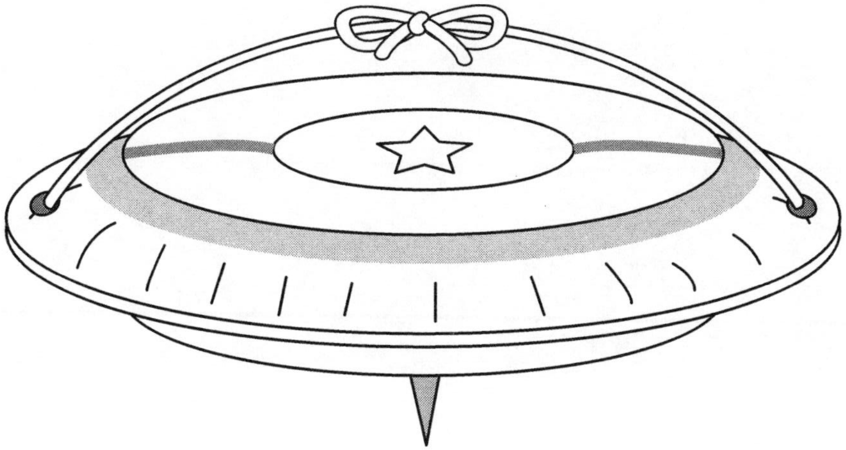

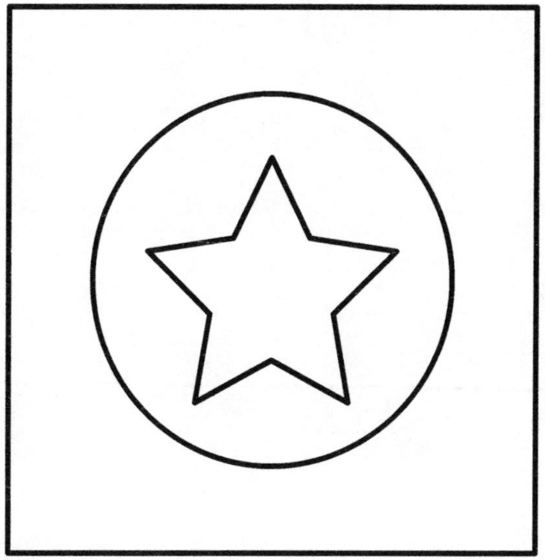

問題36−1

①２枚の画用紙を半分に折り、それぞれをのりで貼りあわせる。

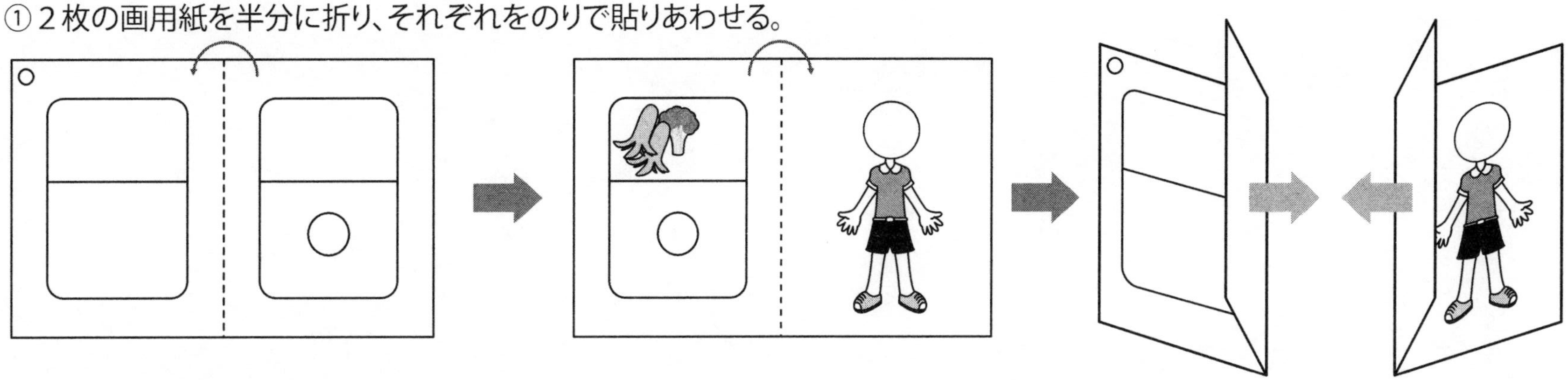

②折り紙を線の通りにちぎり、真ん中に黄色いシールを貼る。

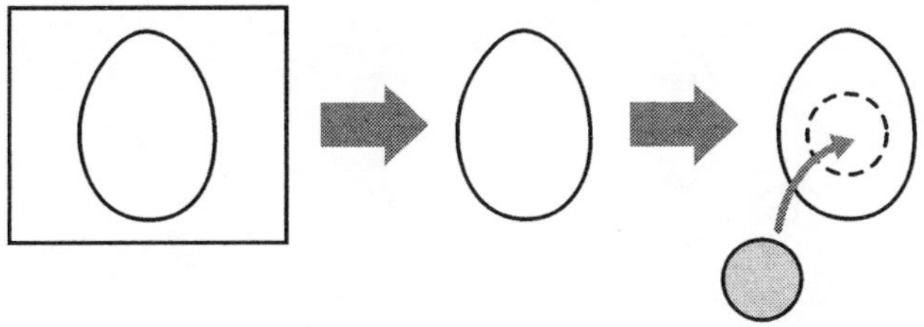

③下の段の○を赤く塗り、上の段にタマゴを貼る。男の子の顔と髪を描く。

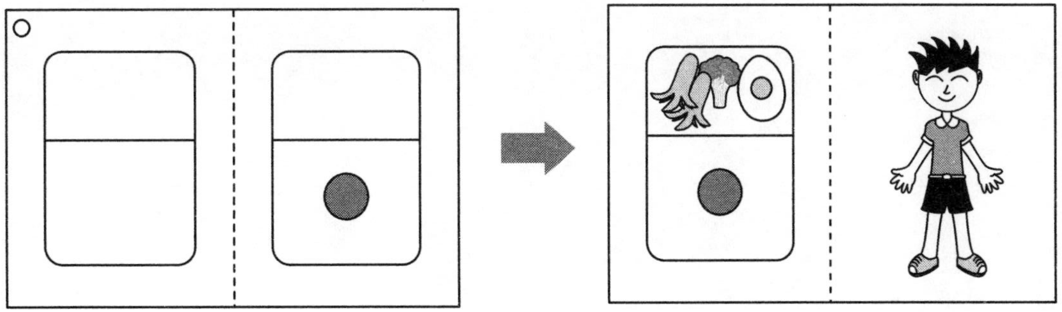

④１枚目の画用紙の穴にひもを通し、ちょう結びをする。

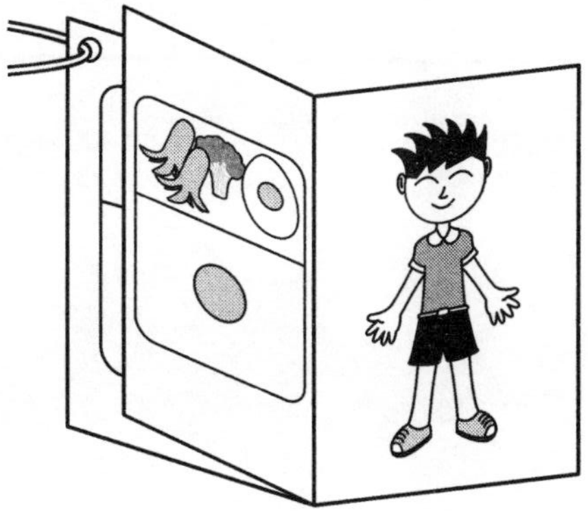

問題36－2

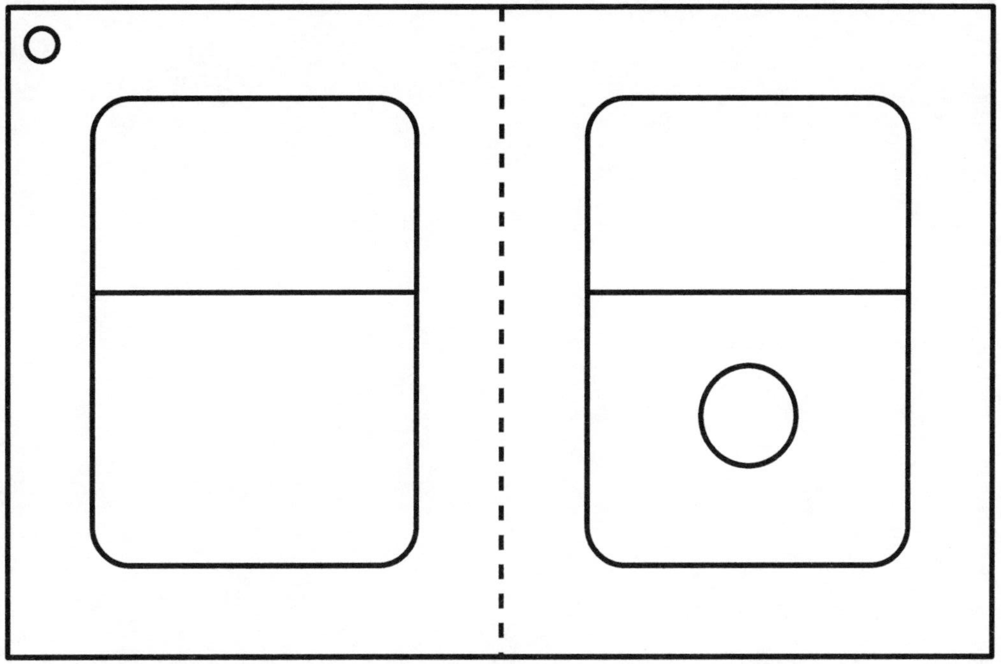

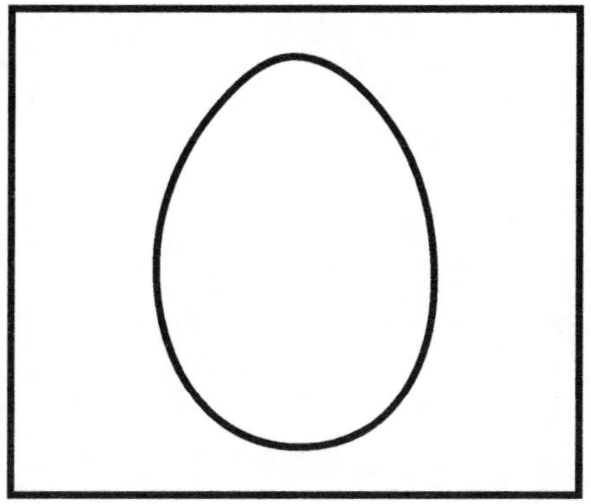

完成図

問題３７－１

①中央の小さな○を灰色で塗り、まわりを手でちぎる。

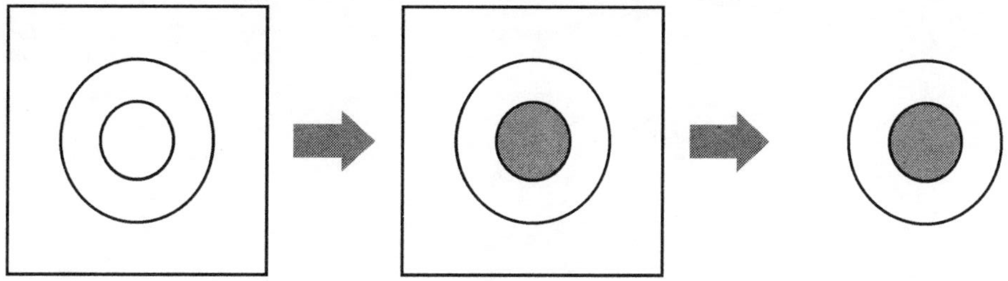

②折り紙を斜めに２つ折りにする。

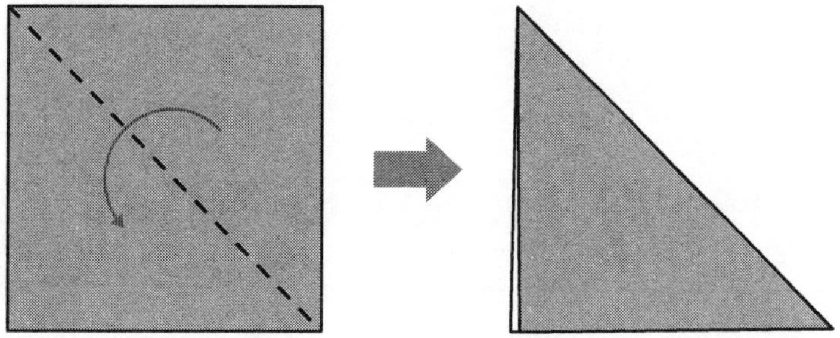

③鼻を黒で塗りつぶし、目の部分にシールを貼る。

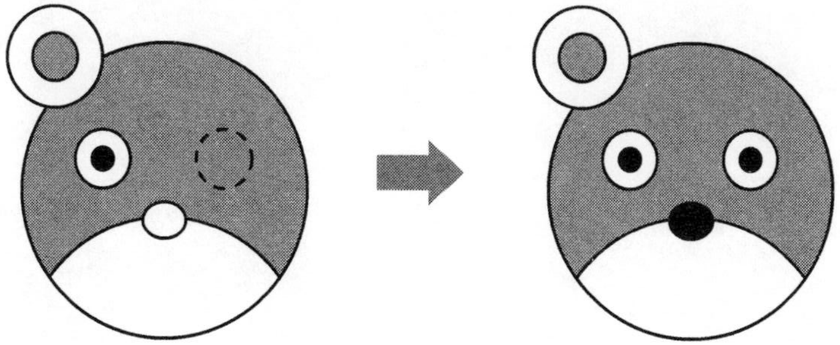

④指定の場所に①②を貼り
上の穴にひもを通して
ちょう結びにする。

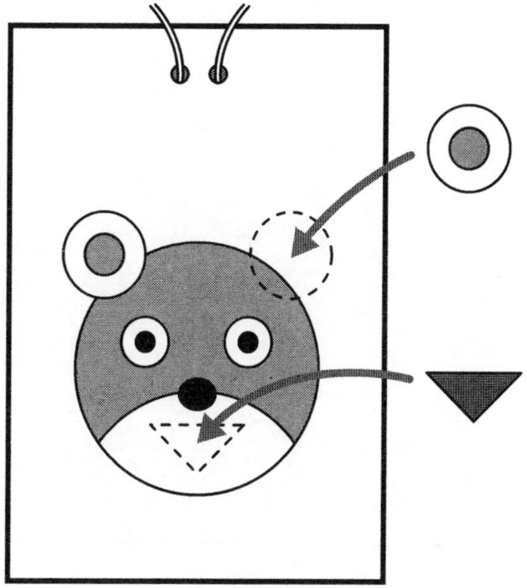

完成図

日本学習図書株式会社

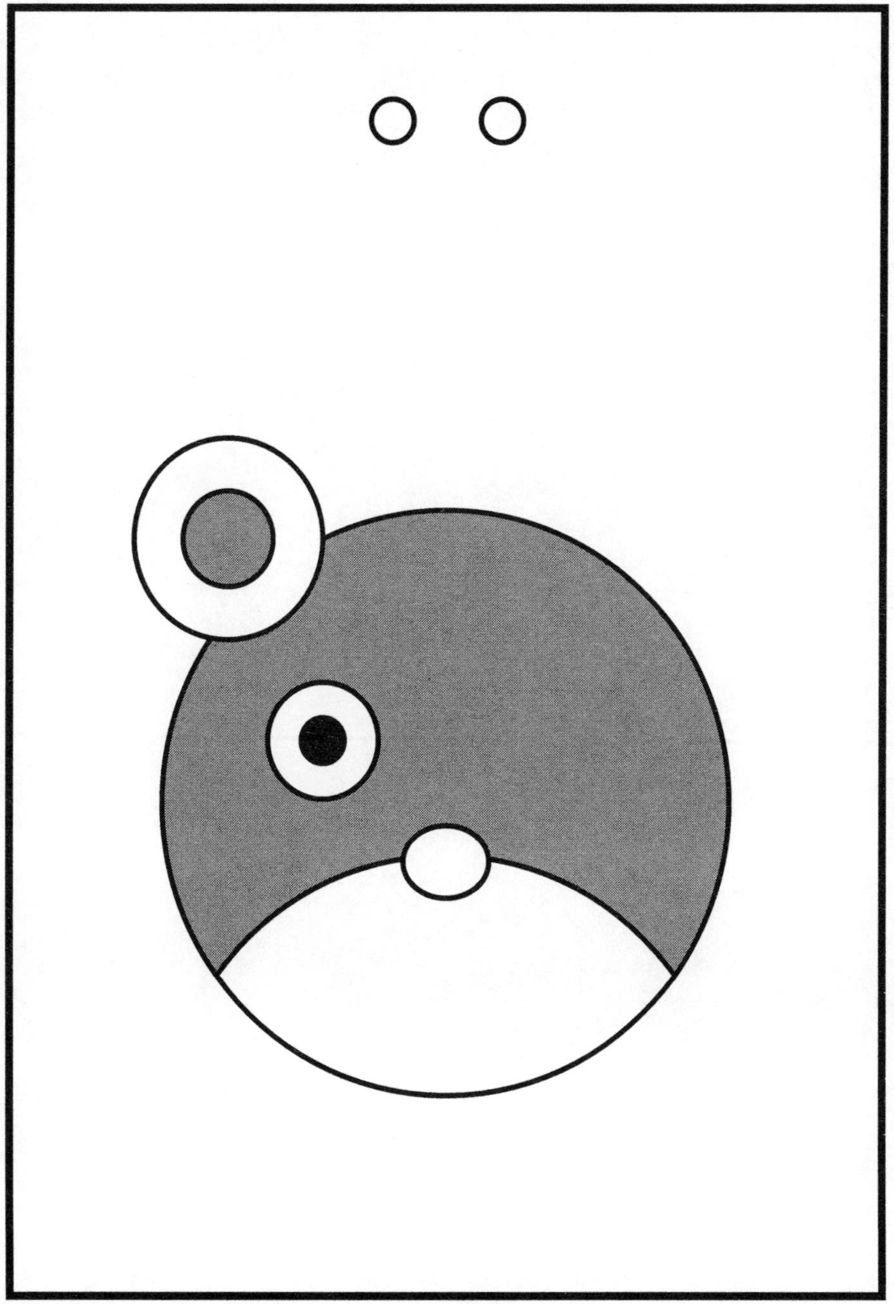

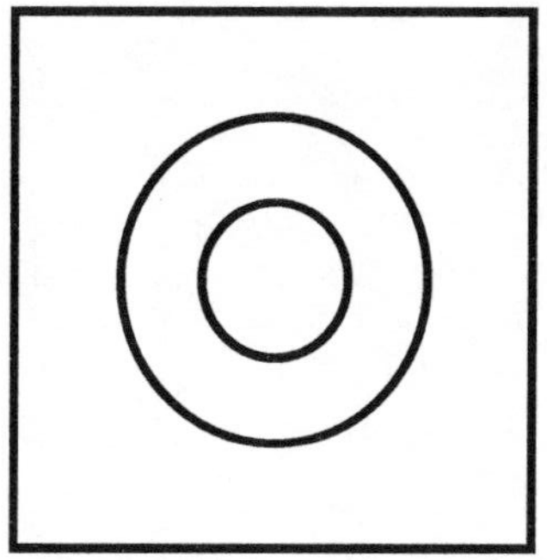

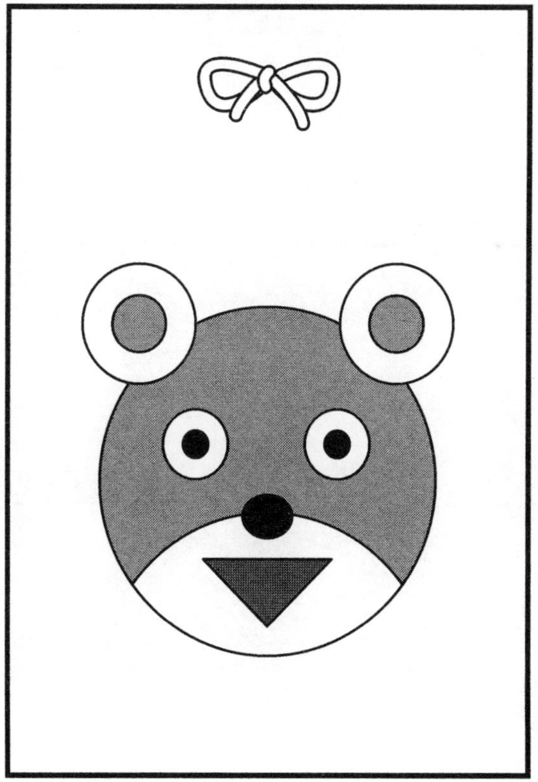

問題38−1

①中央の○を黄色で塗り、まわりを手でちぎる。

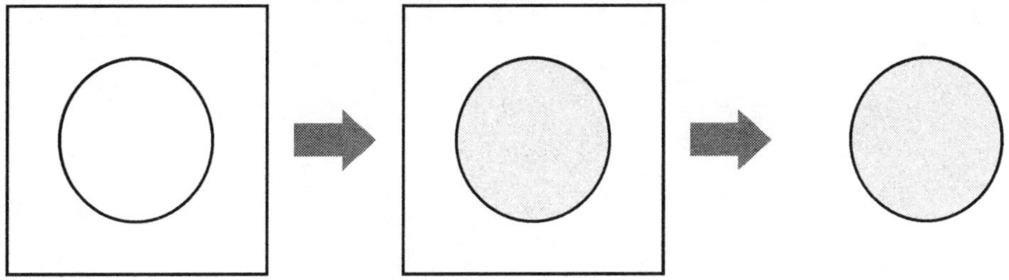

②粘土で玉を２つ作り、靴の形に整える。

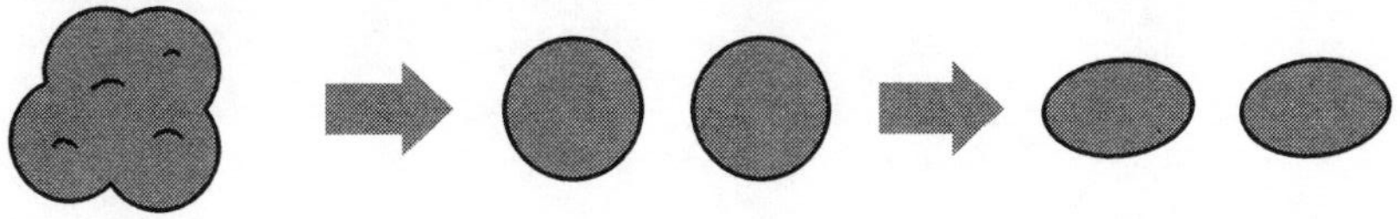

③折り紙の中央に丸いシールを貼る。

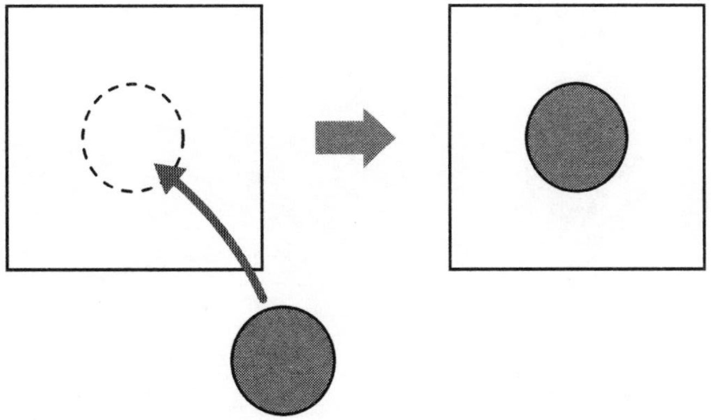

④台紙に①③を貼り、②の粘土を置く。
腰の穴にひもを通し、ちょう結びにする。

完成図

問題３８－２

分野別 小学入試練習帳 ジュニアウォッチャー

1．点・線図形	小学校入試で出題頻度の高い『点・線図形』の模写を、難易度の低いものから段階別に幅広く練習することができるように構成。
2．座標	図形の位置模写という作業を、難易度の低いものから段階別に練習できるように構成。
3．パズル	様々なパズルの問題を難易度の低いものから段階別に練習できるように構成。
4．同図形探し	小学校入試で出題頻度の高い、同図形選びの問題を繰り返し練習できるように構成。
5．回転・展開	図形などを回転、または展開したとき、形がどのように変化するかを学習し、理解を深められるように構成。
6．系列	数、図形などの様々な系列問題を、難易度の低いものから段階別に練習できるように構成。
7．迷路	迷路の問題を繰り返し練習できるように構成。
8．対称	対称に関する問題を4つのテーマに分類し、各テーマごとに問題を段階別に練習できるように構成。
9．合成	図形の合成に関する問題を、難易度の低いものから段階別に練習できるように構成。
10．四方からの観察	もの（立体）を様々な角度から見て、どのように見えるかを推理する問題を段階別に整理し、1つの形式で複数の問題を練習できるように構成。
11．いろいろな仲間	ものや動物、植物の共通点を見つけ、分類していく問題を中心に構成。
12．日常生活	日常生活における様々な問題を6つのテーマに分類し、各テーマごとに一つの問題形式で複数の問題を練習できるように構成。
13．時間の流れ	『時間』に着目し、様々なものごとは、時間が経過するとどのように変化するのかということを学習し、理解できるように構成。
14．数える	様々なものを『数える』ことから、数の多少の判定やかけ算、わり算の基礎までを練習できるように構成。
15．比較	比較に関する問題を5つのテーマ（数、高さ、長さ、量、重さ）に分類し、各テーマごとに問題を段階別に練習できるように構成。
16．積み木	数える対象を積み木に限定した問題集。
17．言葉の音遊び	言葉の音に関する問題を5つのテーマに分類し、各テーマごとに問題を段階別に練習できるように構成。
18．いろいろな言葉	表現力をより豊かにするいろいろな言葉として、擬態語や擬声語、同音異義語、反意語、数詞を取り上げた問題集。
19．お話の記憶	お話を聴いてその内容を記憶、理解し、設問に答える形式の問題集。
20．見る記憶・聴く記憶	「見て憶える」「聴いて憶える」という『記憶』分野に特化した問題集。
21．お話作り	いくつかの絵を元にしてお話を作る練習をして、想像力を養うことができるように構成。
22．想像画	描かれてある形や景色に好きな絵を描くことにより、想像力を養うことができるように構成。
23．切る・貼る・塗る	小学校入試で出題頻度の高い、はさみやのりなどを用いた巧緻性の問題を繰り返し練習できるように構成。
24・絵画	小学校入試で出題頻度の高い、お絵かきやぬり絵などクレヨンやクーピーペンを用いた巧緻性の問題を繰り返し練習できるように構成。
25．生活巧緻性	小学校入試で出題頻度の高い日常生活の様々な場面における巧緻性の問題集。
26．文字・数字	ひらがなの清音、濁音、拗音、拗長音、促音と1～20までの数字に焦点を絞り、練習できるように構成。
27．理科	小学校入試で出題頻度が高くなりつつある理科の問題を集めた問題集。
28．運動	出題頻度の高い運動問題を種目別に分けて構成。
29．行動観察	項目ごとに問題提起をし、「このような時はどうか、あるいはどう対処するのか」の観点から問いかける形式の問題集。
30．生活習慣	学校から家庭に提起された問題と思って、一問一問絵を見ながら話し合い、考える形式の問題集。
31．推理思考	数、量、言語、常識（含理科、一般）など、諸々のジャンルから問題を構成し、近年の小学校入試問題傾向に沿って構成。
32．ブラックボックス	箱や筒の中を通ると、どのようなお約束でどのように変化するかを推理・思考する問題集。
33．シーソー	重さの違うものをシーソーに乗せた時どちらに傾くのか、またどうすればシーソーは釣り合うのかを思考する基礎的な問題集。
34．季節	様々な行事や植物などを季節別に分類できるように知識をつける問題集。
35．重ね図形	小学校入試で頻繁に出題されている「図形を重ね合わせてできる形」についての問題を集めました。
36．同数発見	様々な物を数え「同じ数」を発見し、数の多少の判断や数の認識の基礎を学べるように構成した問題集。
37．選んで数える	数の学習の基本となる、いろいろなものの数を正しく数える学習を行う問題集。
38．たし算・ひき算1	数字を使わず、たし算とひき算の基礎を身につけるための問題集。
39．たし算・ひき算2	数字を使わず、たし算とひき算の基礎を身につけるための問題集。
40．数を分ける	数を等しく分ける問題です。等しく分けたときに余りが出るものもあります。
41．数の構成	ある数がどのような数で構成されているか学んでいきます。
42．一対多の対応	一対一の対応から、一対多の対応まで、かけ算の考え方の基礎学習を行います。
43．数のやりとり	あげたり、もらったり、数の変化をしっかりと学びます。
44．見えない数	指定された条件から数を導き出します。
45．図形分割	図形の分割に関する問題集。パズルや合成の分野にも通じる様々な問題を集めました。
46．回転図形	「回転図形」に関する問題集。やさしい問題から始め、いくつかの代表的なパターンから、段階を踏んで学習できるよう編集されています。
47．座標の移動	「マス目の指示通りに移動する問題」と「指示された数だけ移動する問題」を収録。
48．鏡図形	鏡で左右反転させた時の見え方を考えます。平面図形から立体図形、文字、絵まで。
49．しりとり	すべての学習の基礎となる「言葉」を学ぶこと、特に「語彙」を増やすことに重点をおき、さまざまなタイプの「しりとり」問題を集めました。
50．観覧車	観覧車やメリーゴーラウンドなどを舞台にした「回転系列」の問題集。「推理思考」分野の問題ですが、要素として「図形」や「数量」も含みます。
51．運筆①	鉛筆の持ち方を学び、点線なぞり、お手本を見ながらの模写で、線を引く練習をします。
52．運筆②	運筆①からさらに発展し、「欠所補完」や「迷路」などを楽しみながら、より複雑な鉛筆運びを習得することを目指します。
53．四方からの観察 積み木編	積み木を使用した「四方からの観察」に関する問題を練習できるように構成。
54．図形の構成	見本の図形がどのような部分によって形づくられているかを考えます。
55．理科②	理科的知識に関する問題を集中して練習する「常識」分野の問題集。
56．マナーとルール	道路や駅、公共の場でのマナー、安全や衛生に関する常識を学べるように構成。
57．置き換え	さまざまな具体的・抽象的事象を記号で表す「置き換え」の問題を扱います。
58．比較②	長さ・高さ・体積・数などを数学的な知識を使わず、論理的に推測する「比較」の問題を練習できるように構成。
59．欠所補完	線と線のつながり、欠けた絵に当てはまるものなどを求める「欠所補完」に取り組める問題集です。
60．言葉の音（おん）	しりとり、決まった順番の音をつなげるなど、「言葉の音」に関する問題に取り組める練習問題集です。

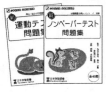

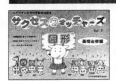

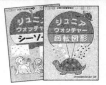

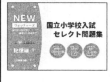

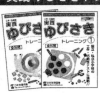

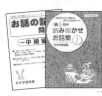

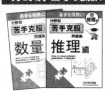

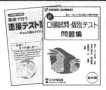

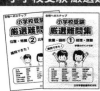

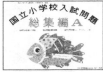

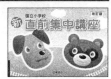

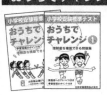

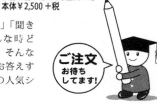

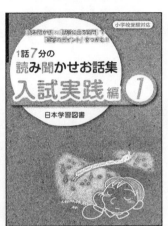

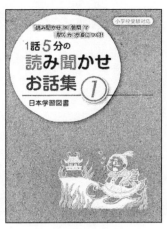

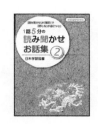

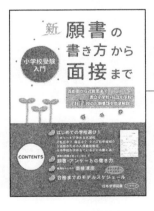

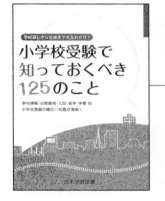

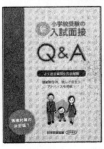

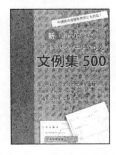

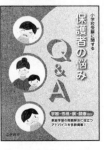